Die letzten Jahre des Euro

1. Auflage Juli 2010
2. Auflage September 2010

Copyright © 2010 bei
Kopp Verlag, Pfeiferstraße 52, D-72108 Rottenburg

Alle Rechte vorbehalten

Lektorat: Thomas Mehner
Korrektorat: Dr. Renate Oettinger
Umschlaggestaltung: Anke Brunn
Satz und Layout: Agentur Pegasus, Zella-Mehlis
Druck und Bindung: CPI – Clausen & Bosse, Leck

ISBN: 978-3-942016-35-3

Gerne senden wir Ihnen unser Verlagsverzeichnis
Kopp Verlag
Pfeiferstraße 52
D-72108 Rottenburg
E-Mail: info@kopp-verlag.de
Tel.: (0 74 72) 98 06-0
Fax: (0 74 72) 98 06-11

Unser Buchprogramm finden Sie auch im Internet unter:
www.kopp-verlag.de

Bruno Bandulet

Die letzten Jahre des Euro

Ein Bericht über das Geld,
das die Deutschen nicht wollten

KOPP VERLAG

Für Martin, Caroline und Elizabeth

Inhalt

Vorwort

Es kommt selten vor, dass die Ereignisse einem Buch so dicht auf den Fersen sind. Als ich im Februar zu schreiben begann, verursachte Griechenland bereits Schlagzeilen, von einer veritablen Euro-Krise war aber noch keine Rede. Als das Manuskript Ende Mai fertig war, hatte der Bundestag in Berlin den deutschen Steuerzahler mit bis dahin unvorstellbaren Summen in Haftung genommen, hatte die Europäische Zentralbank zum ersten Mal in ihrer Geschichte Staatsanleihen aufgekauft, war aus dem Traum von einer stabilen Europawährung ein Albtraum geworden.

Und doch musste ich, während ich an dem Buch saß, keines der aufeinanderfolgenden Kapitel nachträglich umschreiben. Die Materie war für mich nicht neu. Ich hatte den Euro, seitdem er im Dezember 1991 in Maastricht beschlossen worden war, publizistisch begleitet, kontinuierlich kommentiert und in den 1990er-Jahren politisch engagiert bekämpft. Auch das soll dem Leser nicht verschwiegen werden. Ich habe mich dennoch nach bestem Wissen bemüht, keine Vorurteile in die folgende Darstellung einfließen zu lassen. Wenn es um Geld geht und damit um unser finanzielles Überleben in den kommenden Jahren, müssen wir flexibel und pragmatisch bleiben. Illusionen verbieten sich ebenso wie Panik und Hysterie.

Entsetzt kann man schon sein, wie bedenkenlos sich deutsche Politiker bei der Einführung des Euro über sämtliche Argumente und Warnungen der angesehensten Ökonomen hinweggesetzt haben, wie leichtfertig die deutsche Verfassung zurechtgebogen wurde, wie skrupellos die dem Wähler gegebenen Versprechen gebrochen wurden. »Ich bin fassungslos, weil die Deutschen ihre Vorstellung von einer harten Währung aufgegeben haben«, sagte der prominente Finanzfachmann Jim Rogers, »das hätte ich nie gedacht.«

Dabei darf der Euro nicht als isoliertes Phänomen gesehen werden. Es verhält sich wie mit den Puppen in der Puppe: Der Euro steckt im Kern der EU, so wie sie in Maastricht neu konzipiert wurde, und die EU ist nur Ausfluss einer überwölbenden Europa-Ideologie, des Europäismus. Und weil Euro und EU den Bedingungen eines Finanzsystems unterliegen, das auf ungedecktem Schuldengeld basiert, musste die Krise, die 2008 von den USA ausging, schließlich auch die Kunstwährung Euro erschüttern. Erst die Auswirkungen der Finanzkrise haben die inneren Widersprüche der Währungsunion zutage treten lassen und Griechenland, den ersten Dominostein, zu Fall gebracht.

Jetzt stehen wir vor der absurden Situation, dass zuerst die Überschuldung der Banken die Finanzkrise auslöste, dass dann die Regierungen für die Banken garantierten und dass seit 2010 die noch solventen Staaten der EU, allen voran Deutschland, für die überschuldeten Regierungen in Südeuropa haften, um – wie es heißt – den Euro zu retten. Das Fiasko des zentralisierten Geldes wurde mit noch mehr Zentralisierung beantwortet.

Das System wird, wie der Schweizer Bankier Konrad Hummler schrieb, von logisch und ökonomisch gesehen völlig unhaltbaren Garantien aufrechterhalten, die sich aber gegenseitig unterstützen. Mit extrem hohen Beträgen habe man eine »Garantie für das Nichgarantierbare« etabliert.

Anders ausgedrückt: Deutschland haftet für Südeuropa. Wer aber haftet für Deutschland?

Weil alles ineinandergreift, werde ich in Kapitel 1 zunächst berichten, wie ein kleines, wirtschaftlich unbedeutendes Land an der europäischen Peripherie die Euro-Krise lostreten konnte und welche Rolle dabei die amerikanische Investmentbank *Goldman Sachs* spielte.

Kapitel 2 erklärt, wie das Eurosystem funktioniert, wie Geld produziert und inflationiert wird, warum es zwei Arten von Geld gibt und warum Krisen die unvermeidliche Konsequenz dieses Systems sind.

Kapitel 3 erzählt die spannende Geschichte, wie es dazu kam, dass Helmut Kohl die Deutsche Mark opferte, wie die Bundesbank entmachtet wurde, und es geht auf die Frage ein, ob der Euro wirklich der Preis für die Wiedervereinigung war.

Kapitel 4 behandelt die erbitterte Auseinandersetzung um den Euro in den 1990er-Jahren, die Maastrichter Kriterien und den sogenannten Stabilitätspakt. Dabei handelt es sich um einen aufschlussreichen Rückblick, denn der Kampf um einen harten Euro wurde nicht erst 2010, sondern im Grunde schon 1996 verloren, als die Konferenz von Dublin mit einer Niederlage für Deutschland und den damaligen Finanzminister Theo Waigel endete. Alles, was wir jetzt erleben, hat seine Vorgeschichte und wird erst durch sie verständlich.

Kapitel 5 schildert die Hintergründe des verdeckten Währungskrieges zwischen Dollar und Euro, der noch 2009 zugunsten der Einheitswährung auszugehen schien, bis dann die Amerikaner 2010 den Euro am Haken hatten und sich mithilfe des IWF ein Mitspracherecht in Angelegenheiten der Währungsunion sichern konnten. Erklärt wird auch, welche fundamentalen Faktoren die Wechselkurse bewegen und warum Dollar und Euro nur relative Größen sind.

In Kapitel 6 befasse ich mich mit dem Machtgefüge und der Ideologie der EU, in die der Euro von Beginn an eingebettet war, und mit den Alternativen, die selbstverständlich existieren, auch wenn die Politiker ständig behaupten, es gebe keine.

Inmitten der Eurokrise 2010 wurden die Weichen für eine verhängnisvolle Entwicklung gestellt, die weit über die enge Euro-Problematik hinausreicht. Beat Gygi hat dies in der *Neuen Zürcher* vom 22. Mai 2010 (»Deutschland entgleist«) auf den Punkt gebracht: Deutschland helfe nun mit, in Europa die Umverteilung über verschiedene neue Fonds und Programme auszubauen, der Schutz des Bürgers vor dem Zugriff eines EU-Zentralorgans, das auf Geldsuche ist, sei weiter geschwächt worden, und nach der riesigen, noch laufenden Umverteilung von West- nach Ostdeutschland starte die deutsche Politik, so Gygi, nun auf oberer, europäischer Ebene ein neues, ähnliches Experiment.

Ob und wie der Euro überlebt, ist im Vergleich dazu, so denke ich, fast schon sekundär. Im schlimmsten Fall drohen finanzielle Belastungen, die mit denen vergleichbar sind, die die Weimarer Republik scheitern ließen.

Schließlich finden Sie in Kapitel 7 eine Bilanz des Krisenmonats Mai mit seinen Notstandsmaßnahmen und Rettungspaketen – und einen Blick in die ungewisse Zukunft des Euro.

Als unverbesserlicher Realist habe ich mich mit dem beschäftigt, was ist – und nur am Rande mit dem, was sein sollte. Dennoch will ich einen Wunsch äußern: dass die europäische Idee diese EU und diesen Euro unbeschadet überlebt. Die Freunde der Freiheit, nicht die Zentralisten, sind die besseren Europäer.

Bruno Bandulet
Bad Kissingen, 7. Juni 2010

KAPITEL 1

Der Anfang und der erste Dominostein

Wenn wir die Geschichte vom Aufstieg und Fall des Euro bis zu seinem mutmaßlichen Ende erzählen wollen, müssen wir zurückblenden auf den Tag, an dem alles begann.

War es der 1. Januar 1999, als elf Staaten der EU in die sogenannte Endstufe der Europäischen Währungsunion eintraten, ihre Währungen unwiderruflich und für alle Ewigkeit gegeneinander fixierten und den Euro, der früher einmal ECU heißen sollte, als unsichtbares, nur auf Computern gespeichertes Buchgeld einführten?

Währungstechnisch gesehen, ja. Denn mit jenem 1. Januar 1999 war die zweitbeste Währung, die die Deutschen je hatten, klinisch tot.

Gezahlt wurde noch mit den vertrauten Banknoten, die die Porträts großer Deutscher zeigten. Aber die Deutsche Bundesbank, neben der Schweizerischen Nationalbank die erfolgreichste Währungsbehörde der Nachkriegszeit, war nun entmachtet. Eine eigenständige, souveräne deutsche Geldpolitik hatte aufgehört zu existieren. Über Zinsen und Geldvermehrung wurde fortan in einem ehemaligen Gewerkschaftsbau entschieden, im Hochhaus der Europäischen Zentralbank in der Mitte Frankfurts unter dem Vorsitz des Niederländers Wim Duisenberg.

Und doch: Im Bewusstsein der Deutschen war dies noch nicht die Zäsur. Noch hatten sie keinen Euro zu Gesicht bekommen, noch steckten die D-Mark-Banknoten in der

Brieftasche. Der endgültige Abschied vom Geld des Wirtschaftswunders ließ drei Jahre auf sich warten.

Das neue Geld: X und Y

Am 31. Dezember 2001 stand ich zusammen mit 600 000 Menschen bei eisiger Kälte auf dem Boulevard Unter den Linden in Berlin und wartete auf den Big Bang. Vor dem *Adlon* wurde das Glas Champagner für zehn Mark verkauft, vor dem Brandenburger Tor war das Podium einer sehr lauten Band aufgebaut, und gleich neben dem Tor hatte die Dresdner Bank einen sogenannten Euro-Pavillon errichtet.

Pünktlich um Mitternacht erschien dort Bundesfinanzminister Hans Eichel, zückte einen 200-Mark-Schein und ließ sich von Dresdner-Bank-Chef Bernd Fahrholz 102 Euro und 26 Cent herausgeben. Der 1. Januar 2002 war die Geburtsstunde des neuen Geldes in physischer Form, produziert in ausgewählten Druckereien quer durch Europa, ein Geld nicht aus Papier, sondern aus Baumwollfasern.

Vier Wochen vorher, am 1. Dezember, wurde Ernst Welteke, der schwächste Präsident, der der Bundesbank je vorstand, gefragt, ob er vorsichtshalber einen »Rückzugsplan« habe. Welteke antwortete, der Euro sei ein Weg »ohne Wiederkehr«.

Da erschien es nur konsequent, dass er die eingezogenen DM-Banknoten schreddern und vernichten ließ. Er hätte sie besser für alle Fälle einlagern sollen, denn nichts währt auf Erden ewig, und mit der praktischen Möglichkeit, jederzeit die D-Mark wieder ausgeben zu können, hätte sich Deutschland eine scharfe Geheimwaffe im Währungspoker zugelegt. Es kann nie schaden, einen Plan B zu haben. Übrigens wird bis heute ein hoher Milliardenwert an DM-Banknoten in privaten Schließfächern und Schubladen in Reserve gehalten.

Dann wurde der unglückliche Welteke, der später wegen einer Spesenaffäre den Hut nehmen musste, auch noch gefragt: »Was wäre mit einer Volksabstimmung gewesen?« Ehrliche Antwort: »Sie wäre negativ ausgegangen.«

Die Währungshüter, die Politiker und die europäischen Partner – sie alle wussten, dass der Euro ein Geld war, das die Deutschen nicht wollten. Es wurde ihnen aufgezwungen.

Es war und ist ein seltsames, staatenloses Kunstgeld. Auf dem Zehn-Mark-Schein, der vor mir liegt, sehe ich auf der rechten Hälfte den Kopf des Mathematikers Carl Friedrich Gauß (1777–1855) und links unten den Aufdruck »Deutsche Bundesbank«, dann zwei Unterschriften und darunter: Frankfurt am Main, 1. Oktober 1993. So muss eine Banknote aussehen, so hat alles seine Richtigkeit.

Der Zehn-Euro-Schein zeigt zwar im oberen Teil einen Federstrich, offenbar die Unterschrift von Trichet, es fehlt aber die Angabe des Ortes, des Datums und der Notenbank, die ihn in Umlauf gebracht hat. Auf der Rückseite ist der Seriennummer ein Buchstabe vorangestellt. Die Codierung X besagt, dass diese Banknote für die Deutsche Bundesbank hergestellt wurde – nicht aber unbedingt, dass sie auch von der Bundesbank in Verkehr gebracht wurde.

Das Prozedere ist kompliziert und hängt damit zusammen, dass das Eurosystem auf dem Grundsatz der Dezentralisierung beruht, dass zwar allein die Europäische Zentralbank (EZB) die Ausgabe von Banknoten genehmigt, dass sie aber von den nationalen Zentralbanken in Umlauf gebracht werden. Ob X für Deutschland oder Y für Griechenland – alle Euro-Banknoten sind de jure gleich und müssen von allen Notenbanken der Eurozone »in gleicher Weise« behandelt werden.

So steht es im Beschluss der EZB vom 6. Dezember 2001. Dort ist auch Folgendes zu lesen: »Die Ausgabe von Euro-Banknoten muss keinen quantitativen oder sonstigen Beschränkungen unterliegen, da das In-Umlauf-Bringen von Banknoten ein durch Nachfrage gesteuerter Prozess ist.«

Wie praktisch, dann ist ja garantiert, dass auch in der Inflation der Nachschub nie ausgeht. Mit einem Geld, das nicht erarbeitet werden muss und das durch nichts gedeckt ist, lassen sich Verschuldungsorgien veranstalten und Finanzblasen erzeugen – was dann bekanntlich auch geschehen ist.

Auch die Deutsche Mark hatte im August 1971 durch amerikanischen Beschluss ihre (indirekte) Golddeckung verloren, aber die Bundesbank versuchte zumindest so zu handeln, als bestünde sie noch.

Verdächtig kam mir im Januar 2002, als ich die ersten Euro-Scheine in der Hand hielt, auch vor, dass auf ihnen Brücken und Tore abgebildet waren, die in der Realität nicht existierten. Es waren fiktive Brücken und Tore für ein synthetisches Geld aus dem Geiste des Konstruktivismus. Die Verantwortlichen hatten sich weder auf real existierende europäische Bauwerke noch auf die Porträts großer Europäer einigen können. Man wollte keine nationalen Empfindlichkeiten verletzen.

Von einer »vereinigungsduseligen Brückenmetaphorik« sprach die Sonntagszeitung der *Frankfurter Allgemeinen Zeitung* am 30. Dezember 2001, die einem auf die Nerven gehe, und von »hysterisch grellen Farben«, die wie eine letzte Scheinblüte vor der vollkommenen Virtualisierung des Zahlungsverkehrs wirkten.

Etwas anderes fiel mir auf: Die Nominalbeträge auf den Scheinen waren nicht ausgeschrieben wie auf den DM-Noten, und der Schriftzug Euro war doppelt aufgedruckt – in lateinischen Buchstaben und auf Griechisch.

Ja, Griechenland war zusammen mit Portugal, Spanien, Irland und Italien schon 2002 dabei.

Lediglich acht Jahre später, im ebenfalls bitterkalten Winter 2009/2010, sprachen die Devisenhändler der Großbanken in New York und London, die schon immer eine Schwäche für Griffiges hatten, von den PIGS . Damit gemeint waren die Euro-Länder Portugal, Italien, Griechenland und Spanien.

Hinterher war Eichel klüger

Derselbe Hans Eichel, der am 1. Januar 2002 am Brandenburger Tor flachen Optimismus verbreitet hatte, gab am 20. Februar 2010, als Griechenland den Euro in seine erste existenzielle Krise gestürzt hatte, der *Frankfurter Allgemeinen Zeitung* ein Interview, in dem er sich mit der Bemerkung herausredete: »Hinterher sind wir alle klüger.«

Eichel, bis 1975 Studienrat am Wilhelms-Gymnasium in Kassel, amtierte bis 2005 als Bundesfinanzminister. Gerhard Schröder hatte ihn im April 1999 ins Amt gehoben, nachdem er die Landtagswahlen in Hessen gegen Roland Koch verloren hatte. So kam er gerade noch rechtzeitig, um den ersten Akt des Euro-Dramas miterleben und mitgestalten zu dürfen.

»Sind Sie schuld an dem Vertrauensverlust, unter dem der Euro derzeit leidet«, fragte ihn die *Frankfurter Allgemeine Zeitung* am 20. Februar 2010, »schließlich haben Sie mitentschieden, die Griechen in die Währungsunion aufzunehmen?«

»Nicht am gegenwärtigen Betrug«, antwortete der Ruheständler. »Es kann aber sein, dass damals schon Zahlen geschönt waren. Das habe ich nicht gemerkt, obwohl mein Ministerium kritisch nachgefragt hat.«

Da fragt man sich, was schlimmer wäre: dass er es nicht gemerkt hat oder dass er mitgeholfen hat, die Öffentlichkeit hinters Licht zu führen.

Andere, nämlich euro-skeptische Einzelkämpfer ohne den riesigen Apparat von Statistischen Ämtern und Ministerien, haben es sehr wohl gemerkt. Sie waren im Februar 2010 mitnichten überrascht.

In der April-Ausgabe 2000 schrieb der von mir herausgegebene *DeutschlandBrief*, eine Art Zentralorgan der Euro-Gegner, unter der Überschrift »Griechenland ante portas« über den bevorstehenden Euro-Beitritt des Landes mit den 3054 Inseln: »Die Manipulation der Konvergenzkriterien stellt alles in den Schatten, was schon vor 1999 in Italien, Belgien und anderswo praktiziert wurde.«

Damals, im Jahr 2000, waren die griechischen Politiker gerade damit beschäftigt, exorbitante Kriegsreparationen von Deutschland zu fordern. Im Februar 2010, als der Staatsbankrott drohte, waren es Athener Zeitungen, die das alte Thema aufwärmten. Deutschland verhalte sich nicht solidarisch mit Griechenland, und Berlin weigere sich schließlich auch, Reparationen für den Zweiten Weltkrieg zu zahlen, und der zahlungsunwillige Finanzminister Schäuble gehe mit »mittelalterlich-teutonischer Barbarei« zu Werke. Dass das Ausland an der Krise schuld sei, war vorherrschende Meinung unter Politikern und Journalisten in Athen.

Der Auftakt der Krise

Eine Verschwörungstheorie, gewiss, aber sie enthielt ein Körnchen Wahrheit. Griechenland wurde im Winter 2009/2010 zum Objekt der internationalen Spekulation, nachdem es so lange und so systematisch seine Bilanzen manipuliert und seine Schulden versteckt hatte, bis es sich selbst und aus eigenem Verschulden als leichtes Opfer darbot.

Hinzu kam, dass im Herbst 2009 zwei Ereignisse zeitlich zusammenfielen: erstens die sich beschleunigende Flucht aus dem Dollar, wodurch die USA Gefahr liefen, dass das Ausland die amerikanischen Defizite nicht mehr ausreichend finanzieren würde – zwei Defizite, nämlich im Staatshaushalt und in der Außenbilanz, die ähnlich groß waren wie die griechischen. Und zweitens die Mitteilung der neuen griechischen Regierung am 20. Oktober 2009, dass das Haushaltsdefizit 2009 mit 12,7 Prozent des Bruttoinlandsproduktes doppelt so hoch ausfallen werde wie bisher angenommen.

Bereits am 1. Dezember beschlossen die EU-Finanzminister ein schärferes Defizitverfahren gegen Griechenland, am 8. Dezember senkte die Ratingagentur *Fitch* die griechische Bonitätsnote auf BBB+ und damit auf das niedrigste Niveau aller Euro-Länder. Am 14. Dezember stufte auch *Standard & Poor's* das Rating herab.

Damit bot sich der Anlass, den Trend an den Devisenmärkten umzukehren, die Euro-Hausse zu stoppen und den Dollar steigen zu lassen – und ihn damit für Amerikas Gläubiger wieder attraktiver zu machen.

Das kleine Griechenland mit seinen elf Millionen Einwohnern und einem winzigen Bruchteil der Wirtschaftskraft der EU wurde nun der Bauer im Schachspiel der zwei großen Währungsblöcke.

Die Spieler im Finanzkasino begannen, auf einen möglichen griechischen Staatsbankrott und gleichzeitig gegen den Euro zu setzen.

Benutzt wurden dazu drei Vehikel, deren Einsatz sich gegenseitig verstärkte, die sich gegenseitig aufschaukelten: Die Hedgefonds und Banken verkauften ab November/Dezember 2009 den Euro leer, bis er unter der Last der Attacke zusammenbrach, und gleichzeitig verkauften sie griechische Staatsanleihen und trieben damit die Kosten der Kreditausfallversicherungen auf diese Anleihen in die Höhe. Die teurer werdenden Kreditausfallversicherungen dienten als Argument für fallende griechische Rentenkurse – und umgekehrt.

An dieser Stelle muss kurz erklärt werden, wie diese Credit Default Swaps, abgekürzt CDS, funktionieren.

Nehmen wir an, eine Bank hält die Anleihen eines wackligen Unternehmens oder eines Staates im Wert von 100 Millionen Euro. Dann kann sie sich durch Zahlung einer Prämie, sagen wir von 350 000 Euro pro Jahr, gegen einen Zahlungsausfall absichern. Falls der Schuldner pleitegeht, erhält die Bank 100 Millionen, weil dann der Versicherungsfall eintritt.

So funktioniert es zumindest in der Theorie. Die Praxis könnte im Ernstfall ein wenig anders aussehen, weil die Banken oder Versicherungsunternehmen, die für die fraglichen Schulden haften, nachdem sie die Prämie kassiert haben, nicht selten eine schlechtere Bonität aufweisen als der Schuldner selbst. Ob sie im Notfall liquide genug sind oder überhaupt solvent bleiben, steht dahin.

Darüber hinaus werden die CDS auch von solchen Parteien à la Hausse oder à la Baisse gespielt, die den zugrunde liegenden Basiswert – in unserem Beispiel griechische Staatsanleihen – weder besitzen noch kaufen möchten.

Wenn Sie mit CDS handeln, verhalten Sie sich wie ein fiktiver Brandstifter, der zuerst eine Feuerversicherung auf das Haus des Nachbarn abschließt, dann das Haus abfackelt und anschließend anstelle des Hausbesitzers die Prämie kassiert. So jedenfalls stellte es George Soros dar, der mit solchen Geschäften Erfahrung hat.

»Das Eingehen solcher Wetten kostet praktisch nichts«, erklärte der Risikospezialist Chris Whalen am 16. Februar 2010 der *Frankfurter Allgemeinen Zeitung*. »Wenn man einen CDS abschließt, zum Beispiel mit der Deutschen Bank, die sehr aktiv ist in diesem Markt, so erhält man unbegrenzten Kredit.«

Warren Buffett, der große amerikanische Investor, nannte die CDS einmal »Massenvernichtungswaffen«. Er hätte damit ebenso gut den gesamten gigantischen internationalen Derivatemarkt meinen können.

Dieser nämlich besitzt ein unvorstellbares nominales Volumen von 600 000 Milliarden Dollar, und davon machen die CDS vielleicht 30 000 Milliarden aus. Es handelt sich um eine monströse, intransparente und instabile Masse von Forderungen und Verbindlichkeiten, die in den Finanzzentren der Welt von Computer zu Computer wandert und die niemals den kritischen Punkt erreichen darf, an dem eine Kettenreaktion einsetzt, die das Weltfinanzsystem vernichten würde.

Neben den Hedgefonds, die in Symbiose mit den Banken leben und ihnen manchmal sogar gehören, sind die Banken selbst die größten Käufer und Verkäufer von Derivaten, eben auch von CDS. Und von diesen wiederum spielen im Kasino einige wenige mit ganz großen Einsätzen: *JP Morgan, Goldman Sachs, Morgan Stanley* und die Deutsche Bank.

Die Tätigkeit solcher Investmentbanken besteht darin, je nach vorherrschender Mode Konzerne zu fusionieren oder aufzuteilen, Unternehmen an die Börse zu bringen oder gelegentlich auch wieder zu privatisieren, mit Investments jeder Art auf eigene Rechnung zu handeln, wobei fallende Kurse ebenso lukrativ sein können wie steigende.

Die Investmentbanken haben keine Grundsätze, sie machen Profite. Wenn sie einmal Verluste machen, die groß genug sind, um das System zu gefährden, können sie mit Staatshilfe rechnen. Im Gegensatz zu den Inhabern der wenigen kleinen, feinen Privatbanken haften die Manager nicht mit ihrem Privatvermögen.

Das unheimliche Haus *Goldman Sachs*

Die intelligenteste, skrupelloseste, am besten vernetzte und mächtigste dieser Investmentbanken ist *Goldman Sachs*, gegründet im 19. Jahrhundert von zwei gleichnamigen Auswanderern aus Unterfranken. Ich wurde einmal eingeladen, das Hauptquartier von *Goldman Sachs* in New York zu besuchen, war sehr beeindruckt vom Wissen und Können des Hauses und weiß seitdem, dass nicht der Aktienmarkt, sondern der Markt für Geld und Kapital der wichtigste ist. Am Bond-Markt, von jeher eine Spezialität von *Goldman Sachs*, entscheidet sich das Schicksal der Nationen – und auch das des Euro.

Nur naive Zeitgenossen würden sich daran stören, dass *Goldman Sachs* involviert war, als die Griechen den Euro übernahmen und als die griechischen Finanzen noch besser auszusehen schienen, als sie tatsächlich waren – und dass *Goldman Sachs* ebenso dabei war, als die fremdfinanzierte Party in Athen zu Ende ging und das Strafgericht über das Volk der Hellenen hereinbrach.

Ohne Rechtsbruch, Betrug und Täuschung wäre die Einführung des Euro als Buchgeld 1999 und als Bargeld 2002 gar nicht möglich gewesen.

Erinnern wir uns: Laut Maastrichter Vertrag durfte an der Währungsunion nur teilnehmen, wer genau festgelegte Bedingungen, die sogenannten Konvergenzkriterien, erfüllte.

Zwei davon waren besonders wichtig. Erstens durfte das Defizit im Staatshaushalt nicht mehr als drei Prozent des Bruttoinlandsproduktes ausmachen. Und zweitens durften die gesamten aufgelaufenen Staatsschulden 60 Prozent des BIP nicht übersteigen. Die Kriterien gelten bis heute. Sie werden längst auch vom europäischen Musterknaben, nämlich Deutschland, verletzt.

Im Falle Deutschlands konnte man 1999 gerade noch die Augen zudrücken. Die deutsche Schuldenquote hatte im Vorfeld der Währungsunion die Obergrenze von 60 Prozent zwar leicht überschritten, aber es war schließlich vorstellbar, dass sie später wieder unterschritten würde. Heute ist daran nicht mehr zu denken.

Besonders in Griechenland bestand niemals eine Chance auf Sanierung der öffentlichen Finanzen. Schon damals machten die Schulden über 100 Prozent der jährlichen Wirtschaftsleistung aus. Eine derartige Überschuldung ließ sich beim

besten Willen nicht mit dem Maastrichter Vertrag verein-
baren.

Was blieb den Politikern anderes übrig, als die Bilanzen zu
frisieren und den Eindruck zu erwecken, als ginge alles mit
rechten Dingen zu? Die Griechen erwiesen sich dabei als
wahre Meister der kreativen Buchführung, aber auch andere –
wie beispielsweise die Italiener und die Franzosen – bedienten
sich verschiedener Tricks, um ihre Verschuldung besser aussehen zu lassen. Es ging vor allem darum, die misstrauische
und euro-skeptische deutsche Öffentlichkeit zu täuschen und
zu beruhigen.

Wie die *New York Times* am 14. Februar 2010 enthüllte,
war es die Wall-Street-Bank *Goldman Sachs*, die Athen dabei
half, Schulden in Milliardenhöhe optisch verschwinden zu
lassen. 2001, als Athen gerade die Aufnahme in die Währungsunion erreicht hatte, besorgte *Goldman Sachs* der Regierung in Athen einen Kredit, der als Währungsgeschäft
getarnt war, damit er in den Büchern nicht als Kredit auf-
tauchte und aus diesem Grund die offiziell ausgewiesene
Staatsschuld nicht erhöhte.

Zum Beispiel überschrieb Griechenland die Einnahmen
aus der Lotterie und den Flughafengebühren auf Jahre hinaus
an *Goldman Sachs*, um umgehend an frisches Geld zu kommen – wobei dies natürlich zulasten der späteren Staatsein-
nahmen ging.

Quer über den europäischen Kontinent, berichtete die *New
York Times*, wurden derartige Deals abgeschlossen. Die Banken gaben Cash auf die Hand, die Regierungen verpfändeten
spätere Einnahmen und gingen damit Verpflichtungen ein, die
in den Bilanzen nicht auftauchten und vor der Öffentlichkeit
versteckt wurden. Auch *JP Morgan Chase*, die andere große
amerikanische Investmentbank, war mit von der Partie.

Es war nicht etwa so, dass die Wall Street die europäischen
Schuldenprobleme geschaffen hätte. Sie half nur mit, sie eine

Zeit lang zu kaschieren. Und selbstverständlich wurde daran verdient. Laut *New York Times* kassierte *Goldman Sachs* allein für die griechische Transaktion von 2001 rund 300 Millionen Dollar an Provisionen.

Finanztechnisch handelte es sich um Derivate, genauer: um Swaps, also um Tauschgeschäfte. Die *New York Times* erklärte das so: »Der Euro wurde mit einer Ursprungssünde geboren: Länder wie Italien und Griechenland traten in die Währungsunion mit größeren Defiziten ein, als sie vertraglich erlaubt waren. Anstatt die Steuern zu erhöhen oder die Ausgaben zu reduzieren, verringerten diese Regierungen künstlich ihre Defizite mithilfe von Derivaten.«

Genau diesen Trick versuchte Finanzminister Eichel, der im Falle Griechenlands nichts gemerkt haben will, 2005. Er verkaufte mithilfe der US-Bank *Morgan Stanley* und der Deutschen Bank Forderungen des Bundes gegenüber den Nachfolgeunternehmen der Deutschen Bundespost an Investoren – eine sogenannte Verbriefung, die ihm acht Milliarden einbrachte. Diesmal freilich war *Eurostat*, das Statistische Amt der EU, wachsam und ließ die Transaktion nicht als Verringerung der Staatsschulden gelten.

Die Raffinesse der Finanzingenieure war wirklich bewundernswert. 2005 hielt es *Goldman Sachs* für angeraten, einen der griechischen Swaps wieder loszuwerden, und verkaufte ihn an die Nationalbank von Griechenland, das größte Geldinstitut des Landes. Nicht nur das, 2008 half *Goldman Sachs* dieser Bank, den Swap in ein Konstrukt namens »Titlos« zu verschieben, wobei die Nationalbank die zugrunde liegenden Anleihen auch noch als Sicherheiten benutzen konnte, um sich bei der EZB frisches Geld zu besorgen.

Wenn Sie solche Methoden für skandalös halten, sollten Sie bedenken, dass alles mehr oder weniger legal war und eine Konsequenz des ungedeckten Papiergeldsystems. Auch eine strengere Regulierung des Kapitalmarktes würde nur bedingt helfen. In den führenden Investmentbanken sitzen die besseren Leute, sie werden den Beamten der EZB und der europäischen Behörden immer einen Schritt voraus sein.

Die Investmentbanken schaffen es sogar, an einem Geschäft zweimal zu verdienen: an der Transaktion selbst und am Gegenteil davon, sobald sie rückgängig gemacht wird.

Anfang November 2009, als sich der Finanzsturm über Griechenland schon zusammenbraute, flog ein Team von *Goldman Sachs* in Athen ein und brachte eine neue Idee mit. Man unterbreitete einen Vorschlag, wie sich die Schulden des Gesundheitssystems weit in die Zukunft verschieben ließen. Diesmal aber lehnten die Griechen ab. Sie hatten gerade eine neue Regierung ins Amt gewählt. Sie hatten genug von einer Medizin, die nicht heilte, sondern nur die Symptome zu kurieren vorgab.

In jenem November müssen die Herren von der Wall Street begriffen haben, dass die Griechen nicht mehr konnten oder nicht mehr wollten, dass das Spiel ausgespielt war, dass sich die Krise unaufhaltsam zusammenbraute. Ausgestattet mit intimen, über Jahre hinweg erworbenen Kenntnissen der griechischen Verhältnisse, drehten sie ihre Strategie um 180 Grad – diesmal gegen Griechenland.

JP Morgan und *Goldman Sachs*, so meldete die *Neue Zürcher* am 11. Februar 2010, würden verdächtigt, die griechischen Kreditausfallversicherungen (CDS) mit ihren Käufen auf einen Rekordstand getrieben zu haben. Sie hätten Unsicherheit und die Angst vor einem griechischen Staatsbankrott geschürt und die CDS-Kurse innerhalb von drei Tagen von 328 auf über 420 Basispunkte getrieben. 100 Basispunkte sind bekanntlich ein Prozent.

Sind diese Banken und Hedgefonds deswegen alle böse? Sollten sie verstaatlicht werden, wie es die Links-Partei in Deutschland fordert? Lieber nicht. Sie spielen die Hyänen des Systems und erfüllen insofern manchmal eine nützliche Funktion. Sie sind nicht die Ursache der Probleme, sie machen sie nur sichtbar. Sie sorgen dafür, dass die Stunde der Wahrheit früher schlägt, als sie sonst schlagen würde. Sie verdienen ihr Geld, indem sie mit Realitäten handeln – gelegentlich auch, indem sie helfen, diese zu verschleiern. Erst brachten sie den Griechen ein paar Tricks bei, später ließen sie sie fallen.

Die Finanzjongleure haben sich für die Regierungen auch schon als außerordentlich nützlich erwiesen. Nämlich in den 1990er-Jahren, als sie massiv in die Staatsanleihen der EU-Süd-staaten einstiegen, deren Kurse steigen und deren Zinsen so lange sinken ließen, bis eine scheinbare Konvergenz zwischen Deutschland und den Schwachwährungsländern hergestellt war – eine Konvergenz, das heißt ein Zusammenlaufen der Zinsen, die den Euro überhaupt erst möglich machte.

Das war genau das, was die Erfinder des Euro wollten und brauchten. Die Behauptung ist nicht zu weit hergeholt, dass es ohne die Hilfe der Großbanken und Hedgefonds den Euro schwerlich gegeben hätte und dass er kaum zu retten sein wird, wenn sie eines Tages endgültig den Daumen senken.

Im Winter 2009/2010 haben sie mit der Staatspleite nur gespielt. Seitdem aber – das ist neu – ziehen sie die Möglich-keit oder Wahrscheinlichkeit von Staatspleiten ins Kalkül. Und das nicht nur in Griechenland.

2008 war das Jahr der Bankenkrise, 2010 kam ein neues Stück auf die Bühne: die Staatsschuldenkrise, erster Akt.

KAPITEL 2

Die Dämonie des Geldes

Sehen wir uns die Entstehung des Eurosystems, die Organisation und Arbeitsweise der Europäischen Zentralbank (EZB) und ihre vertraglichen Rahmenbedingungen an, dann ist alles bestens und in Ordnung. Dann wären die EZB eine Art von Alter Ego der Bundesbank und der Euro eine Fortsetzung der D-Mark mit anderen Mitteln. Dann wäre das hohe Gut der Preisstabilität nirgendwo besser aufgehoben als in der Führungsetage der europäischen Superbank.

So sieht sich die EZB selbstverständlich auch selbst. In ihren Monatsberichten, Presseerklärungen, Analysen und Werbebroschüren vermittelt sie das Bild einer alternativlosen, trotz temporärer Probleme optimalen Geldverfassung. Es würde ihr nie in den Sinn kommen, das System, unter dessen Vorgaben sie operiert, infrage zu stellen.

Werfen wir also zunächst einen Blick auf die Organisation dieser vielsprachigen Behörde, die maßgeblich entscheidet, welche Zinsen wir für unsere Kredite zahlen, welche Renditen unsere Lebensversicherungen abwerfen, wie hoch sich unser Tages- und Festgeld verzinst und welche Kaufkraft unsere Bankguthaben künftig noch haben werden.

Da gibt es den EZB-Rat, in dem die Mitglieder des EZB-Direktoriums und die Präsidenten der nationalen Notenbanken sitzen. Am 1. Januar 1999 waren es noch elf an der Zahl. Am 1. Januar 2001 kam Griechenland hinzu, am 1. Januar 2007 Slowenien, am 1. Januar 2008 traten Malta und Zypern der Eurozone bei, und zum 1. Januar 2009 folgte schließlich die Slowakei. Nunmehr waren es also schon 16 Teilnehmer bzw. Parteien.

Wenn es nach dem EU-Vertrag geht, wird die Eurozone und mit ihr der EZB-Rat weiter anschwellen. Denn die EU umfasst derzeit 27 Mitgliedsstaaten mit knapp 500 Millionen Einwohnern. Und diese sind grundsätzlich verpflichtet, der Währungsunion früher oder später beizutreten und damit den Euro zu übernehmen.

Das gilt später auch für die offiziellen EU-Beitrittskandidaten Kroatien, Mazedonien und die Türkei.

Keine Beitrittskandidaten sind Albanien, Island, Montenegro und die Schweiz. Sie haben lediglich »Beitrittsgesuche« eingereicht und damit noch nicht den Status des »Beitrittskandidaten« erhalten.

Im Falle der Schweiz verhält es sich noch etwas komplizierter. Ihr Gesuch ruht seit 1992, weil das Schweizer Volk damals den Politikern einen Strich durch die Rechnung machte und gegen die Ratifizierung des Abkommens über den Europäischen Wirtschaftsraum (EWR) stimmte.

Man kann sich leicht vorstellen, dass in einer Runde von 20 bis 30 Zentralbankern eine zügige Beschlussfassung und eine gemeinsame Willensbildung nicht gerade einfach sind. Offenbar ist die optimale Größe dieses Gremiums, das die Geldpolitik festlegt, jetzt schon überschritten.

Der EZB-Rat beschließt die Höhe der Leitzinsen im Euro-Raum, er verabschiedet die Leitlinien der Geldpolitik und trifft andere wichtige Entscheidungen. Gegenwärtig tagt er zweimal im Monat, in der Regel am ersten und dritten Donnerstag jeden Monats.

Die laufenden Geschäfte führt das Direktorium der EZB. Es besteht aus dem Präsidenten und Vizepräsidenten der Zentralbank und vier zusätzlichen Mitgliedern, die von den Regierungen der Eurozone einvernehmlich ernannt werden. Das Europäische Parlament muss dabei nur angehört werden, wogegen nichts einzuwenden ist. Das Direktorium tritt normalerweise jeden Dienstag zusammen.

Zu erwähnen wäre noch, dass die EZB und die nationalen Notenbanken der Eurozone zusammen das Eurosystem bilden. Nicht zu verwechseln ist dieses mit dem Europäischen System der Zentralbanken (ESZB).

Dem ESZB gehören alle Notenbanken der EU an, auch diejenigen, die den Euro noch nicht eingeführt haben oder nicht einführen wollen. Also auch Dänemark und das Vereinigte Königreich. Beide Nationen haben sich vertraglich ausbedungen, dass sie den Euro nicht übernehmen müssen. Alle anderen sind, wie gesagt, verpflichtet, der Währungsunion beizutreten.

Anders als die EZB und die nationalen Notenbanken besitzt das ESZB keine eigene Rechtspersönlichkeit. Es ist nicht handlungsfähig und verfügt über keine eigenen Beschlussorgane. Wichtig ist auch, dass die nationalen Notenbanken – selbstverständlich auch die Deutsche Bundesbank – ihre finanzielle, administrative und institutionelle Autonomie behalten haben. Sie sind die Anteilseigner der EZB, ihnen gehört die Europäische Zentralbank.

In der Theorie ist die Europäische Zentralbank unabhängig

Dass die EZB im ersten Jahrzehnt ihrer Existenz ein beachtliches Ansehen erwerben konnte, wenn auch nicht das Prestige der Bundesbank, lag nicht zuletzt an ihrer vertraglich garantierten Unabhängigkeit. Sie ist nicht nur unabhängig von den EU-Regierungen, sie ist angeblich nicht einmal ein Organ der Europäischen Union.

Aber stimmt das überhaupt noch? Wer gründlich nachforscht, stellt fest, wie mühsam es ist, den Winkelzügen der in der Europäischen Union herrschenden Klasse auf die Schliche zu kommen.

In dem 2006 herausgegebenen Band der EZB mit dem Titel *Die Europäische Zentralbank – Geschichte, Rolle und Aufgaben* heißt es noch, die EZB sei »kein Gemeinschaftsorgan im eigentlichen Sinne«. In Art. 7 des EG-Vertrages, in dem die fünf Organe der Gemeinschaft aufgeführt sind, werde sie nicht genannt. Nicht ohne Stolz auf die eigene Unabhängigkeit betont die EZB auf Seite 47: »Dies unterstreicht den Sonderstatus der EZB im Gesamtkontext der Europäischen Gemeinschaft, hebt sie ab von den anderen Organen und ihren Hilfsorganen und beschränkt die Tätigkeit der EZB auf eine klar definierte besondere Aufgabe.«

Sehr gut, dachte ich mir. Dann bestellte ich bei der Vertretung der Europäischen Kommission in Deutschland den 416 Seiten starken Text des Vertrages von Lissabon, die allein gültige Rechtsgrundlage der EU. Auf Seite 39 werden die Organe der Union aufgezählt: das Europäische Parlament, der Europäische Rat, der Rat, die Kommission, der Gerichtshof, der Rechnungshof und – siehe da – die Europäische Zentralbank.

Fazit: Von der deutschen Öffentlichkeit unbemerkt, ist es den Drahtziehern doch tatsächlich gelungen, die EZB in den neuen Vertrag hineinzumogeln und ihr auf diese Weise ein wenig die Flügel zu stutzen. Wie zu erfahren war, opponierte die EZB gegen die Aufweichung ihres Status – freilich vergebens.

Die vor allem von deutscher Seite im Maastrichter Vertrag durchgesetzten Formulierungen sind klar genug. In Art. 108 des EG-Vertrages, auf den es hier vor allem ankommt, ist zu lesen: »Bei der Wahrnehmung der ihnen … übertragenen Befugnisse, Aufgaben und Pflichten darf weder die EZB noch eine nationale Zentralbank noch ein Mitglied ihrer Beschlussorgane Weisungen von Organen oder Einrichtungen der Gemeinschaft, Regierungen der Mitgliedsstaaten oder anderen Stellen einholen oder entgegennehmen.«

Darüber hinaus verpflichten sich die Organe und Einrichtungen der Union sowie die Regierungen in Art. 108, »nicht zu versuchen, die Mitglieder der Beschlussorgane der Europäischen Zentralbank oder der nationalen Zentralbanken bei der Wahrnehmung ihrer Aufgaben zu beeinflussen«.

Das wenigstens wurde im Lissabon-Vertrag nicht geändert, abgesehen davon, dass aus dem früheren Art. 108 der neue Art. 130 wurde.

Für den Fall, dass gegen diese Vorschriften verstoßen wird, dass die Politiker Weisungen erteilen, Entscheidungen zu beeinflussen versuchen oder anderweitig Druck ausüben, kann die EZB Klage vor dem Europäischen Gerichtshof erheben.

Ob dieser dann der EZB den Rücken stärken und das Recht hochhalten würde, ist eine andere Frage. Schließlich hat der Gerichtshof bisher im Zweifelsfall zugunsten der europäischen Zentralisierung, Gleichschaltung (euphemistisch genannt »Harmonisierung«) und Politisierung entschieden. Mit der Gewaltenteilung, einem Grundsatz des Rechtsstaates, nimmt er es nicht sonderlich genau.

Jedenfalls ist der rechtliche Status des Eurosystems sauber, geradezu beispielhaft und besser als der fast aller anderen Notenbanken der Welt einschließlich der amerikanischen.

Was heißt schon Preisstabilität?

Ebenfalls anders als das amerikanische *Federal Reserve System* ist die Europäische Zentralbank vertraglich verpflichtet, im Fall von Zielkonflikten immer dem Ziel der Preisstabilität den Vorrang zu geben. Das wiederum bedingt den Status der Unabhängigkeit von der Politik, denn die Regierungen haben ja in der Vergangenheit die Notenbanken vor allem zu dem Zweck gegründet, bei ihnen Kredite aufnehmen und inflationieren zu können.

So weit, so gut, was die rechtliche Grundlage und die Theorie betrifft. Wo aber ist der Haken an der Sache?

Am besten, wir messen die EZB an ihren eigenen Worten. In einer gut gemachten Broschüre mit dem schönen Titel *Preisstabilität: Warum ist sie für Dich wichtig?*, die im April 2008 herauskam, entdeckt der kritische Leser Ungereimtheiten und innere Widersprüche.

»Inflation«, heißt es da, »wird im Grunde definiert als ein allgemeiner oder breit angelegter Anstieg der Preise für Waren und Dienstleistungen über einen längeren Zeitraum hinweg, der zu einem Wertverfall des Geldes und damit zu einem Verlust seiner Kaufkraft führt.«

Deflation sei das Gegenteil davon, nämlich »eine Situation, in der das allgemeine Preisniveau über einen längeren Zeitraum hinweg zurückgeht«.

Und Preisstabilität? Das ist laut EZB ein Zustand, bei dem die Preise »im Durchschnitt weder steigen noch sinken, sondern im Zeitverlauf stabil bleiben«.

Nun ist Deflation per se nichts Schlimmes, wie die EZB an anderer Stelle insinuiert. Weshalb auch? Warum sollen die Preise dank des wirtschaftlichen Fortschritts und steigender Produktivität nicht im Verlauf der Zeit sinken? So war es über längere Perioden hinweg zu Zeiten des Goldstandards vor 1914, und gleichzeitig stiegen die Einkommen der Arbeiter real, auch wenn sie nominal zeitweise zurückgingen. Phasen fallender Preise wechselten sich mit Phasen steigender Preise ab, und unter dem Strich blieb die Kaufkraft des Geldes konstant. Wer sich ein Portfolio von Anleihen zugelegt hatte, konnte damit rechnen, davon auch im Alter leben zu können. Das ist heute nicht mehr möglich. Der Rentier, der die Coupons vom Mantel seiner Anleihen abschnitt und bei der Bank abgeltungssteuerfrei einlöste, ist nur noch eine historische Figur.

Wie Sie sehen, war nicht die D-Mark, sondern die Goldmark die beste Währung, die die Deutschen je hatten.

Wirklich interessant wird es erst, wenn die EZB darangeht, genauer zu erklären, was sie in der Praxis unter »Preisstabilität« versteht. Nämlich keineswegs Preise, die über einen längeren Zeitraum stabil bleiben!

Schon im Oktober 1998 definierte der EZB-Rat Preisstabilität als einen »Anstieg des Harmonisierten Verbraucherpreisindex für das Euro-Währungsgebiet von unter zwei Prozent gegenüber dem Vorjahr«.

Im Mai 2003 wurde vom EZB-Rat das Ziel bekräftigt, die Inflationsraten mittelfristig unter, aber nahe zwei Prozent zu halten. Angeblich sollte damit eine Sicherheitsmarge zur Vermeidung von Deflationsrisiken gewährleistet sein.

Nun ist schon die Berechnung eines nationalen Verbraucherpreisindex ziemlich fragwürdig, weil dieser auf einem angeblich vom Durchschnitt der Verbraucher benutzten Korb von Waren und Dienstleistungen beruht, über dessen richtige Zusammensetzung man streiten kann. Höchstwahrscheinlich wird der Leser dieser Zeilen seine Ausgaben anders gewichten und einer anderen individuellen Inflationsrate ausgesetzt sein, als dies im offiziellen Index unterstellt wird.

Erst recht dubios ist der für das Euro-Währungsgebiet geschaffene HVPI – der soeben erwähnte Harmonisierte Verbraucherpreisindex.

Zum einen, weil er die sehr unterschiedliche Geldentwertung in den einzelnen Euro-Ländern in einen Topf wirft. Zum anderen, weil er zum Teil fiktive Preise zugrunde legt. Nach der Logik dieses Index werden zum Beispiel Autos und Computer, die tatsächlich teurer geworden sind, zu Berechnungszwecken billiger, weil sich ihre Qualität verbessert hat, weil sie schneller fahren oder laufen. Das mag so sein, ändert aber nichts daran, dass der Käufer einen höheren Anteil seines Einkommens für den neuen Mercedes oder BMW ausgeben muss.

Selbst gemessen am HVPI, der die Inflation untertreibt, kann von stabilen Preisen in der Eurozone keine Rede sein. Der Euro ist heute fühlbar und tatsächlich weniger wert als 1999. Gemessen an den Monatswerten im Vergleich zum Vorjahr lag die Teuerungsrate nach dem HVPI 1999 noch unter zwei Prozent, danach fast immer über zwei Prozent, in der Spitze 2008 sogar bei vier Prozent und nur 2009 für kurze Zeit leicht unter null, bevor die Rate wieder anstieg. Fazit: Wir verzeichnen keine Preisstabilität, auch keine galoppierende Inflation, aber einen andauernden, unerbittlichen Kaufkraftschwund.

Geldmenge außer Kontrolle

Erheblich negativer fällt das Urteil aus, wenn wir eine wichtige Orientierungsgröße der EZB heranziehen, nämlich die weit gefasste Geldmenge M3. In ihr stecken der Bargeldumlauf, die täglich fälligen Einlagen bei den Banken, die Einlagen mit einer Laufzeit bis zu zwei Jahren sowie die Einlagen mit vereinbarter Kündigungsfrist von bis zu drei Monaten.

Den Zusammenhang zwischen Preis- und Geldmengenentwicklung untersuchen wir später. Da diese Korrelation auch von der EZB gesehen wird und da die EZB angeblich Preisstabilität anstrebt, legte sie bereits im Dezember 1998 als Referenzwert für M3 ein jährliches Wachstum von 4,5 Prozent fest. Damit sollte die Inflation im Zaum gehalten werden bzw. das, was die Währungsbehörde darunter versteht.

Um zu einem erwünschten Geldmengenwachstum von 4,5 Prozent zu kommen, wurde eine Inflationsrate von knapp zwei Prozent zugrunde gelegt, außerdem ein reales Wirtschaftswachstum von zwei bis zweieinhalb Prozent und zusätzlich ein leichter Rückgang der Umlaufgeschwindigkeit des Geldes – macht zusammen rund 4,5 Prozent.

Die Wirklichkeit sah leider ganz anders aus. Wenn wir den von der EZB benutzten gleitenden Drei-Monats-Durchschnitt der Jahreswachstumsrate heranziehen, dann wuchs M3 schon 1999 um fast sechs Prozent. 2001/2002 fiel das Wachstum vorübergehend unter die 4,5-Prozent-Marke, erreichte 2003 in der Spitze fast neun Prozent und 2007 sogar zwölf Prozent, bis M3 dann in der schweren Rezession von 2009 überhaupt nicht mehr wuchs.

Gemessen an den Preisen des HVPI hat die Eurozone seit ihrer Gründung eine moderate und beständige Inflation erlebt, gemessen an M3 eine hohe und sehr volatile.

Sehr volatil, das heißt schwankungsanfällig, bewegten sich auch die von der EZB gesteuerten kurzfristigen Zinsen, hier gemessen am Drei-Monats-Termingeld. Von 2,5 Prozent noch 1999 ging es auf fünf Prozent im Jahr 2000, dann zurück auf zwei Prozent, bis 2008 wieder auf fünf Prozent – und danach fast bis auf null.

Resümee: Seit 1999 waren weder die Preise stabil, noch war die Geldmenge auch nur annähernd im Gleichklang mit dem Wirtschaftswachstum, noch waren die nominalen und realen Zinsen über einen längeren Zeitraum berechenbar.

Da drängt sich der Verdacht auf, dass die EZB Gefangene eines Geldsystems ist, das sie nicht selbst erfunden hat. Sie hat es bei ihrer Gründung vorgefunden. Wenn sie es verteidigt, verwickelt sie sich in Widersprüche.

Einerseits misst sie die Inflation nicht an der Geldmenge, sondern an der Entwicklung der Verbraucherpreise, und behauptet, die Preisstabilität gewahrt zu haben.

Andererseits gibt sie zu, dass Geldmengenwachstum und Preisinflation mittel- bis langfristig eng miteinander verbunden sind und dass Inflation letztlich ein monetäres Phänomen ist. Hier wird – und das ist der Schwachpunkt – nicht sauber zwischen Symptom und Ursache unterschieden.

Ursache steigender Preise kann immer nur die Ausweitung der Geldmenge sein. Bleibt sie konstant, können zwar einzelne Preise steigen, aber nicht das Preisniveau insgesamt. Wird die Geldmenge verdoppelt, verdoppelt sich letzten Endes auch das Preisniveau – wenn wir von Sondereinflüssen wie der Umlaufgeschwindigkeit einmal absehen.

Es fragt sich nur, wohin das neu geschaffene Geld fließt. Es kann die Verbraucherpreise in die Höhe treiben oder die Aktienmärkte oder die Anleihen oder auch Rohstoffe inklusive Gold. Dann haben wir es mit einer sogenannten Liquiditätshausse zu tun, und sie entsteht immer dadurch, dass zu viel Geld in den Kreislauf eingespeist wird.

Folge ist eine zunehmende Instabilität des Finanzsystems, ein Zyklus von Boom und Bust, der – wie zuletzt 2008 – das System an den Rand des Zusammenbruchs bringen kann. Dann stellt sich jedes Mal heraus, dass eine Insolvenz der Großbanken, ja sogar von großen Hedgefonds wie 1998, inakzeptabel ist und dass sie von den Regierungen und Notenbanken gerettet werden müssen. In der Krise, die 2007/2008 ausbrach, wurden dafür und für die Bekämpfung der drohenden Depression weltweit mehrere Billionen Dollar und Euro eingesetzt, weitaus mehr als je zuvor in der Finanzgeschichte.

Ein gesundes, stabiles und überlebensfähiges Finanzsystem sieht anders aus. Dass es seit Langem faul ist und dass ein Kollaps drohte, konnte man weder in den USA noch in Europa an den Verbraucherpreisen ablesen. Man musste die Entwicklung der Geldmengen und der Schulden unter die Lupe nehmen. Es kommt darauf an, Ursachen und Symptome nicht miteinander zu verwechseln!

Die Verbraucherpreisinflation ist eben nur ein Symptom und nicht einmal das wichtigste – die Aufblähung der Geldmenge und damit die entsprechende Verschuldung sind die

Ursachen der Krisenanfälligkeit unseres Finanzsystems. Inflation kommt von *inflare*. Das heißt »aufblähen«. Und aufgebläht wird immer zuerst die Geldmenge.

Ich habe nicht den geringsten Zweifel daran, dass es sich auch beim Euro um Inflationsgeld handelt und dass er auch künftig an Kaufkraft verlieren wird. Offen ist nur, wie viel und wie schnell. (Sein Inflationspotenzial ist ein Thema, auf das ich später zurückkommen werde.) Das kann gar nicht anders sein, weil der Euro ebenso wie der Dollar ungedeckt ist, weil er von einem Monopolisten – nämlich der Zentralbank – angeboten wird und weil Papiergeld grundsätzlich in fast beliebigen Mengen und mit minimalen Produktionskosten hergestellt werden kann.

Mit dem Goldstandard vor 1914 war das nicht machbar. Die Banknoten waren nichts anderes als Goldquittungen. Sie konnten jederzeit vorgelegt und gegen eine festgelegte Menge Gold eingetauscht werden. Weil die Goldproduktion mit hohen Kosten verbunden ist und Gold in höheren Konzentrationen in der Erdkruste selten vorkommt, war die Goldförderung nicht beliebig steigerbar und damit die Geldmenge nicht beliebig vermehrbar.

Zwei Geldarten, zwei Geldproduzenten

Seitdem dieses natürliche Geldsystem aufgegeben wurde, wird Geld nicht mehr in Bergwerken, sondern in Druckereien produziert – aber nicht nur. Genau genommen haben wir ein Mischgeldsystem mit zwei Geldproduzenten und mit zwei Arten von Geld, nämlich Bargeld und Buchgeld.

Das Bargeld, auch Zentralbankgeld genannt, darf unter Androhung schwerer Strafen nur von den Notenbanken hergestellt und in Umlauf gebracht werden. Die Euro-Banknoten sind gesetzliches Zahlungsmittel und damit ein Zwangsgeld, das zur Begleichung von Schulden akzeptiert werden muss. Für die Münzen gilt das nur bis zu einer Menge von 50 Euro.

Buchgeld hingegen besteht aus den täglich fälligen Bankeinlagen; es wird auch als Sichtguthaben oder Giralgeld bezeichnet. Es macht den größeren Teil der Geldmenge M3 in der Euro-Zone aus, es wird von den Geschäftsbanken produziert, und da es jederzeit eins zu eins in Bargeld gewechselt werden kann, gilt es in den Augen des Publikums als gleichwertig.

Dass das so nicht stimmt, zeigt sich bei einem Run auf die Banken. Wenn zu viele Kunden in einer Krise ihr Geld abheben wollen, stellen sie fest, dass nicht genug vorrätig ist, und die Bank muss die Schalter schließen. Die Regierung erklärt dann einen Bankfeiertag, obwohl es dann wirklich nichts zu feiern gibt.

Roland Leuschel und Claus Voigt sehen in ihrem Buch *Die Inflationsfalle* in der Fähigkeit von Geschäftsbanken, ständig neues Geld zu produzieren und als Kredit weiterzureichen, den Kern des inflationären Übels.

Sie schildern den Zusammenhang folgendermaßen: »Kann es rechtens sein, mehr zu verleihen, als man hat? Der gesunde Menschenverstand wird wohl spontan mit ›Nein, natürlich nicht‹ antworten. Denn was man nicht hat, das kann – und darf – man auch nicht verleihen. Und aus historischen Überlieferungen ist bekannt, dass die Griechen und die Römer, aber auch die Rechtsgelehrten des Mittelalters in Europa, diese naheliegende Auffassung vertreten haben.«

Weiter: »Aber es gab und gibt eine einflussreiche Interessengruppe, die das ganz anders sieht. Sie unternahm immer wieder Versuche, die jeweiligen Regierungen dazu zu bringen, diesen Grundsatz auszuhebeln. Sie setzte alles daran, mehr verleihen zu dürfen, als sie hatte. Und tatsächlich setzte sie sich mit dieser in früheren Zeiten als Betrug gebrandmarkten Forderung schließlich durch. So entstand das heute weltweit geltende Teildeckungsbankwesen.«

Der Ökonom Joseph Schumpeter sprach von einer Kreditschöpfung *ex nihilo,* aus dem Nichts. Und die Angelsachsen nennen ungedecktes Weichgeld *fiat money.* Fiat ist lateinisch für: »Es werde gemacht«.

Eine andere treffende Definition stammt von dem großen österreichischen Nationalökonomen Ludwig von Mises. Er unterschied zwischen Sachkredit und Zirkulationskredit.

Mit dem Sachkredit meinte er den nichtinflationären Kredit, der auf realen Ersparnissen beruht, die durch Konsumverzicht entstehen und für Investitionen in einer Volkswirtschaft zur Verfügung stehen.

Für den Zirkulationskredit hingegen ist die Geldschöpfung der Banken verantwortlich. Er hat nichts mit Ersparnissen zu tun. »Es ist ein Scheinwert«, schreibt der österreichische Volkswirt Gregor Hochreiter, »er versetzt die Gesellschaft in die Illusion, dass reale Ersparnisse gebildet worden sind.« Er nährt den Irrglauben, ist hinzuzufügen, dass eine Gesellschaft mehr investieren kann, als sie gespart hat.

Wie die Banken Geld schöpfen

Wie funktioniert eigentlich die von den Geschäftsbanken betriebene Geldschöpfung? Begrenzt wird sie grundsätzlich durch drei Faktoren: erstens durch die Bargeldwünsche der Kunden, weil es sich beim Bargeld um Zentralbankgeld handelt und weil dieses nur von den Notenbanken zu beziehen ist. Zweitens durch die Eigenkapitalvorschriften, an die sich die Banken zu halten haben.

Und drittens durch die Mindestreservepflicht, die die Banken daran hindert, die Sichteinlagen eines Kunden zu 100 Prozent weiterzuverleihen. Sie müssen einen Teil davon in Höhe des gerade geltenden Mindestreservesatzes auf ihrem Konto bei der Zentralbank hinterlegen und damit Zentralbankgeld halten.

Bei einem Mindestreservesatz von zwei Prozent, wie er in der Eurozone gilt, ist dies eine stumpfe Waffe im Kampf gegen die Inflationierung der Geldmengen.

Wie also entstehen Buchgeld und Kredit?

Beispiel 1: Ich verkaufe eine Immobilie oder einen Barren Gold, das heißt einen Sachwert, an meine Bank, und diese bezahlt, indem sie meinem Konto den Betrag gutschreibt. Dadurch steigt zwar die Menge an Buchgeld, und die Bankbilanz verlängert sich, es wurde jedoch kein Kredit geschöpft.

Beispiel 2: Ich gehe zu meiner Bank und zahle 100 Euro Bargeld ein. Ich gehe selbstverständlich davon aus, dass ich die 100 Euro jederzeit wieder abheben kann. Nun geschieht aber Folgendes: Die Bank muss zwar zwei Prozent meiner 100-Euro-Sichteinlage als Mindestreserve halten, sie hat jedoch 98 Euro als sogenannte Überschussreserve zur freien Verfügung.

Diese kann sie an einen anderen Kunden als Kredit vergeben, wodurch neues Buchgeld entsteht. Nehmen wir an, der Kunde bezahlt damit seine offene Rechnung bei einem Geschäftspartner, der ein Konto bei der Bank B unterhält. Dann entsteht bei der Bank B eine neue Sichteinlage, die von der Bank B wiederum – abzüglich der Mindestreserve – als Kredit weitergereicht werden kann usw. usf.

So bildet sich durch wiederholte Geld- und Kreditschöpfung eine Zahlungskette, und aus meiner ursprünglichen Einlage von 100 Euro entsteht im extremen Fall fast das 50-Fache an Buchgeld. Gäbe es überhaupt keine Mindestreservepflicht, dann könnte unendlich viel Buchgeld erzeugt und unendlich viel Kredit vergeben werden.

Nicht ganz so schlimm ist es, wenn sich die Bankkunden einen Teil ihrer Kredite bar auszahlen lassen. Dann fällt die

Kreditschöpfung insgesamt geringer aus. Die Geldmenge jedoch nimmt im selben Umfang zu, denn auch Bargeld ist Teil der Geldmenge. (Das enge Geldmengenaggregat M1 umfasst Bargeld sowie täglich fällige Einlagen und ist Teil der umfassenden Geldmenge M3, die zum Beispiel auch Geldmarktfonds enthält.)

»Diese Form des Bankgeschäftes«, schreibt Gregor Hochreiter, »bringt die gesamte Gesellschaft in den Schuldturm, weil die Rückzahlung der ungedeckten Zirkulationskredite immer schwieriger wird. Die gesellschaftliche Überschuldung ist ökonomisch-technisch auf die Gewährung von Zirkulationskrediten zurückzuführen. Private, Unternehmen und der Staat können sich weit über die ihren realen Ressourcen entsprechende Verschuldungsgrenze hinaus verschulden. Der Krug der schleichenden Verschuldung geht so lange zum Brunnen, bis die Kreditnehmer unter der finanziellen Last zusammenbrechen.«

Wenn schließlich die Banken illiquide sind oder insolvent zu werden drohen, rufen sie die Notenbank zuhilfe, denn diese fungiert schließlich als »Kreditgeber der letzten Instanz«. Oder sie wenden sich – so geschehen 2008 – an die Regierung und damit an den Steuerzahler. Die Banken rechnen damit, die Folgen ihres Handelns auf andere abwälzen zu können. So verwandelt sich, sagt Hochreiter, ein unternehmerisches Risiko in ein gesellschaftliches.

Auch unter dem Goldstandard haben sich Banken übernommen und verspekuliert. Dann gingen sie in Konkurs. Eben das ist es, was ein gutes von einem schlechten Geldsystem unterscheidet: ob man es sich leisten kann, Banken, die ein zu großes Rad gedreht haben, untergehen zu lassen.

Krisen als Konsequenz
des Systems

Es ist immer wieder dieselbe Litanei: Kaum war die erste, hochgefährliche Phase der Finanzkrise 2009 schlecht und recht überstanden, folgte die Griechenland-Krise. Als bekannt wurde, dass die Regierung in Athen einen Schuldenberg in Höhe von 300 Milliarden Euro angehäuft hatte und dass der größte Teil dieser Schulden nicht von Privatanlegern, sondern von Banken in Frankreich und Deutschland gehalten wurde und dass diese im Falle einer griechischen Insolvenz in eine Schieflage geraten würden und mit ihnen wieder einmal das gesamte Finanzsystem – da sagte Bundeskanzlerin Merkel am 26. Februar 2010: »Wir sind bis jetzt solidarisch miteinander gewesen, wir werden Wege der Solidarität finden.«

Sie meinte wohl: Solidarität nicht nur mit Griechenland, sondern auch mit den Geldinstituten, die die griechische Misswirtschaft jahrelang für eine Handvoll Euro mehr finanziert hatten.

Dass ein so labiles Geldsystem kaum noch beherrschbar ist, dass es immer gefährlichere Krisen auslöst und dass es durch ein anderes, solides System ersetzt werden müsste, bedarf keines weiteren Kommentars. So tief der Schock von 2008 saß, so wenig wurden Konsequenzen daraus gezogen.

Da bleibt der EZB mit ihrem Präsidenten Jean-Claude Trichet nichts anderes übrig, als bis zum bitteren Ende innerhalb des Systems zu operieren und so zu tun, als besäßen sie die Fähigkeit zur Feinsteuerung.

Gewiss, Trichet ist Herr über die kurzfristigen Zinsen und kann, indem er an der Zinsschraube dreht, die Kreditnachfrage und damit die Geldmengeninflation bis zu einem gewissen Grad beeinflussen.

Die Leute von der EZB verfügen über einen umfangreichen Instrumentenkasten mit Hauptrefinanzierungsgeschäften und längerfristigen Refinanzierungsgeschäften sowie Feinsteuerungsoperationen und Spitzenfinanzierungsfazilitäten – und wie die geldpolitischen Geschäfte alle heißen, die man sich im Einzelnen wirklich nicht merken muss. Sie alle dienen dem Zweck, den Banken, die mit zu geringem Eigenkapital und einem zu großen Hebel arbeiten, Liquidität bereitzustellen oder sie bei Bedarf auch einmal abzusaugen.

An der inflationären Schlagseite des Systems ändert das nichts. Die Chance, mit dem Euro ein besseres, gedecktes Geld einzuführen, wurde vertan.

Die Finanzkrise 2008, die Griechenland-Krise und die Euro-Krise 2010, sie alle hätten ein paar Jahre früher oder später ausbrechen können, aber sie waren unvermeidlich. Sie waren und sind die zwangsläufige Konsequenz eines falschen und betrügerischen Geldsystems, dessen Grundzüge ich in diesem Kapitel beschrieben habe. Auch das System des Dollar treibt einem Fiasko zu.

Der Amerikaner Murray Newton Rothbard, einer der führenden Vertreter der Österreichischen Schule, sprach in Bezug auf die Weltreservewährung Dollar von einem Schein-Geld-System. Roland Baader schrieb 2004, als er den Zusammenbruch dieser »Scheinwelt« vorhersagte: »Was wir Geld nennen, ist kein Geld.« Dass die durch nichts gedeckten Euro-Scheine, die wir in unseren Taschen herumtragen, durch staatlichen Befehl zu Geld erklärt wurden, müsse noch lange nicht bedeuten, dass sie auch tatsächlich Geld seien.

Was ist Geld? Im Gotischen (*gild*) hatte es die Bedeutung von »Steuer« (auch heute noch sehr passend) und seit dem 14. Jahrhundert (*gelt*) die eines geprägten Zahlungsmittels. Wenn hingegen das spätere Papiergeld gemeint war, sprach man von Zetteln und von den Notenbanken als »Zettelbanken«.

Das englische *money* kommt vom lateinischen *moneta*, und dieses wiederum erinnert an die erste römische Münz-

anstalt, die im Tempel der Juno, Beiname Moneta, unterge-
bracht war.

Moneta war in der Vorstellung der Römer die Göttin, die
Warnungen ausspricht.

KAPITEL 3

Der Weg nach Maastricht

Die Bürger der untergegangenen DDR hatten sich gerade erst an ihr neues Geld, die Deutsche Mark, gewöhnt, als die Minister Theo Waigel und Hans-Dietrich Genscher am 7. Februar 1992 zusammen mit ihren europäischen Kollegen im niederländischen Grenzort Maastricht ihre Unterschriften unter jenen Vertrag setzten, der das Schicksal der Deutschen Mark besiegelte und einen Prozess in Gang setzte, der kaum von ökonomischen, wohl aber von offenen und versteckten politischen Motiven diktiert wurde.

Genscher, der trickreiche, listige Taktiker, ein Meister der nichtssagenden Rede. Und Waigel, der Parteipolitiker aus Schwaben, ein großer Dampfplauderer, der den Deutschen den Euro als eine Errungenschaft verkaufte, die er nie war und nie werden konnte. Auch ohne die beiden wäre der Euro gekommen, nicht aber ohne die drei Schlüsselfiguren des Dramas: Jaques Delors, François Mitterrand und Helmut Kohl.

Jaques Delors, das war der französische Sozialist, der in den Jahren 1981 bis 1984 als Wirtschafts- und Finanzminister in Paris erst für den weichen, dann für den harten Franc stand (ein ständiges Wechselspiel der französischen Währungspolitik seit der Zwischenkriegszeit), der sich um die Vollendung des europäischen Binnenmarktes verdient machte und der in seiner langen Amtszeit als Präsident der Europäischen Kommission von 1985 bis 1995 die Integration und Gleichschaltung stärker vorantrieb als jemals einer seiner Vorgänger oder Nachfolger – ein hochbegabter, kalter Technokrat, ein Zentralisierer und Apparatschik im Geiste des französischen Wirtschaftsdirigismus.

Sodann sein politischer Kompagnon, der Pfälzer Helmut Kohl, Bundeskanzler seit 1982, dessen lähmende Herrschaft nie zu enden schien, bis er dann 1998 doch abgewählt wurde. Ein von niemals wirklich aufgeklärten Spendenskandalen umwitterter Politiker, der seinen Wählern eine geistig-moralische Wende versprochen hatte, die nie kam – Kanzler der Wiedervereinigung und ein ausgewiesener ökonomischer Dilettant, der 1990 den Fehler beging, im Zuge der Deutschen Währungsunion die Mark der DDR weitgehend eins zu eins in die harte D-Mark umzutauschen mit der Folge, dass die ohnehin nicht konkurrenzfähige DDR-Wirtschaft vollständig zusammenbrach und zum Dauersubventionsempfänger wurde. Ein fataler Fehler, den er mit der Europäischen Währungsunion wiederholte, weil auch diese den Weichwährungsländern im Süden Europas eine härtere Währung auferlegte, der sie wirtschaftlich nicht gewachsen waren.

Und schließlich François Mitterrand, der Dritte im Bunde, französischer Präsident von 1981 bis 1995, Sozialist wie Delors, ein hochgebildeter Zyniker, der während des Krieges sowohl für die Vichy-Regierung arbeitete als auch in der *Résistance* aktiv war. Ein französischer Patriot und kluger Stratege, der den Zusammenbruch des Ostblocks und die unvermeidliche deutsche Einheit zu nutzen verstand, um Kohl auf das Ende der Deutschen Mark zu verpflichten – dabei ein Mann ohne eingefleischte antideutsche Ressentiments, der sogar einmal eine Ehrenerklärung für die Wehrmacht abgab und dem es gelang, die europäische Landschaft grundlegend zu verändern und der französischen Interessenlage anzupassen.

Die D-Mark als deutsche Atombombe

Die ersten zaghaften Anläufe zu einer europäischen Währungsordnung gehen auf die 1970er-Jahre zurück. Schon 1970 wurde ein – nie realisierter – Plan für eine Wirtschafts- und Währungsunion der EG bis 1980 vorgelegt. 1972 wurde die sogenannte Währungsschlange eingerichtet, ein System zur allmählichen Verengung der Bandbreiten, innerhalb derer die europäischen Währungen gehandelt wurden. Und schließlich wurde im März 1979 unter Federführung von Helmut Schmidt und Giscard d'Estaing das Europäische Währungssystem (EWS) geschaffen, das die Währungen enger aneinanderbinden sollte, was aber nicht dauerhaft gelang.

Das EWS war insofern realistischer als das Eurosystem, als es Abwertungen der Weichwährungen ermöglichte, zu denen es auch wiederholt kam, sobald sich herausstellte, dass Produktivität, Geldentwertung und Zinsen der teilnehmenden Länder zu weit auseinanderliefen. Das EWS war nicht perfekt, aber es atmete und ließ Anpassungen zu.

Als Anker des Systems fungierte die neben dem Schweizer Franken solideste Währung, die D-Mark. An ihr und an der Geldpolitik der Deutschen Bundesbank mussten sich die anderen messen lassen. Genau das missfiel den Franzosen. »Das Europäische Währungssystem ist eine deutsche Zone«, beklagte sich Mitterrand im März 1989.

Noch deutlicher wurde Jacques Attali, der außenpolitische Berater Mitterrands, im Verlauf einer deutsch-französischen Besprechung Anfang 1988 in Bonn. Als die Deutschen die Bildung eines gemeinsamen Verteidigungsrates anregten und über den Einsatz französischer Atomwaffen auf deutschem Boden mitentscheiden wollten, warf Attali ein: »Um eine Balance zu erhalten, möchten wir über die deutsche Atombombe reden.«

»Sie wissen doch, wir besitzen gar keine Atombombe«, antworteten die Deutschen. Darauf Attali: »Ich meine die D-Mark.« Ein Vergleich, den auch Mitterrand gern anführte. Als er sich am 5. Februar 1988 in Paris mit dem österreichischen Bundeskanzler Franz Vranitzky traf, sagte der Franzose: »Deutschland hat seine wirtschaftliche Macht wiedererlangt, weigert sich aber, sie zu teilen.«

In einem 2009 erschienenen Buch des englischen Finanzexperten David Marsh mit dem Titel *Der Euro* ist nachzulesen, dass Mitterrand in internen Gesprächen im Elysée-Palast (»nie aber in Gegenwart der Deutschen«) die D-Mark als Deutschlands Kompensation für den Nichtbesitz von Atomwaffen bezeichnete. »Die Deutsche Mark ist gewissermaßen ihre Atomstreitmacht«, sagte Mitterrand vor seinem Ministerrat am 17. August 1988. Damit ist über die französischen Motive, die dem Maastrichter Vertrag zugrunde lagen, fast schon alles gesagt.

Im Nachhinein ist klar, dass die Weichen für die Europäische Währungsunion behutsam und von der Öffentlichkeit kaum bemerkt schon im Sommer 1988 gestellt wurden, genauer: im Juni, als der Europäische Rat (das Gremium der Regierungschefs) einen Expertenausschuss unter dem Vorsitz von Delors damit beauftragte, Vorschläge zur Verwirklichung einer Währungsunion auszuarbeiten.

Ein knappes Jahr später, im Mai 1989, wurde der *Delors-Bericht* dem Europäischen Rat vorgelegt, und bereits im Juni gab der Rat sein Plazet für eine Währungsunion in drei Stufen. Die erste Stufe begann im Juni 1990.

Damit war der Vertrag von Maastricht im Prinzip vorgezeichnet, wenn auch noch nicht unter Dach und Fach. Nicht zuletzt Bundesbankpräsident Karl Otto Pöhl unterschätzte sträflich die Beharrlichkeit des Berufseuropäers Delors.

»Der *Delors-Bericht* war eine krause Vorstellung«, äußerte Pöhl gegenüber David Marsh, »ich dachte nicht, dass sich in absehbarer Zeit eine Währungsunion mit einer Europäischen Zentralbank realisieren würde. Ich dachte, vielleicht käme sie irgendwann in den nächsten hundert Jahren.«

So kann man sich täuschen! Pöhl hatte offenbar die *Einheitliche Europäische Akte* von 1987 nicht gelesen oder nicht ernst genommen – schon dort wurde das Fernziel einer Europa-Währung formuliert.

Ein anderer französischer Versuch, dem Diktat der Bundesbank zu entkommen und die D-Mark-Zone zu schleifen, fiel auf den November 1987. Die Regierungen in Bonn und Paris beschlossen einen deutsch-französischen »Finanz- und Wirtschaftsrat«, um die bis dahin unabhängige Bundesbank an die Kandare zu nehmen. Der Rat sollte völkerrechtlich verbindlich in den deutsch-französischen Vertrag von 1963, den Adenauer und de Gaulle ausgearbeitet hatten, aufgenommen werden. Hinter dem Manöver standen Helmut Kohl und sein Außenminister Genscher. Aber auch Finanzminister Stoltenberg war involviert.

Stoltenberg weigerte sich sogar, wohl auf Anweisung von oben, den Vertragstext dem damaligen Bundesbankpräsidenten Karl Otto Pöhl zuzustellen. Pöhl musste ihn sich bei seinem französischen Kollegen besorgen. Als sich der Frankfurter Zentralbankrat querlegte und die Bundesregierung keinen Rückhalt in der Öffentlichkeit fand, musste Kohl einen Rückzieher machen. Der Plan wurde auf Eis gelegt.

Entwarnung war dennoch nicht angesagt. 1988 übernahm Jacques Delors, wie bereits dargelegt, den Vorsitz des Ausschusses, der die Europäische Währungsunion vorbereiten sollte. In dem Ausschuss saßen alle Notenbankgouverneure der EG, unter ihnen Pöhl, der sich später wegen der deutschen Währungsunion mit dem Bundeskanzler heillos zerstreiten sollte.

Eine merkwürdige Rolle spielte damals Außenminister Genscher. Im Februar 1988 veröffentlichte er ohne Absprache mit Kohl oder dessen Finanzminister Gerhard Stoltenberg ein fünfseitiges Memorandum, in dem er sich für eine Europäische Zentralbank und die Einführung des ECU »zunächst als Parallel- und später als Gemeinschaftswährung« aussprach.

Ob es wirklich Genscher war, der »das Ganze in Gang gesetzt« hat (so der frühere Bundesbankpräsident Tietmeyer), ist dennoch zu bezweifeln. Er war zwar der erste führende deutsche Politiker, der die Mark so deutlich zur Disposition stellte, die definitive Entscheidung konnte aber nur Helmut Kohl treffen.

Nach Auskunft von Kohls außenpolitischem Berater Joachim Bitterlich fielen die Würfel am 4. Januar 1990 auf Mitterrands Landsitz Latche bei Biarritz. Damals habe Mitterrand von Kohl die »klare und glaubhafte Zusage« erhalten, die europäische Integration »entscheidend« voranzutreiben sowie eine gemeinsame Währung und Zentralbank zu etablieren.

Schon 1988 konspirierte Kohl gegen die Bundesbank

Was Helmut Kohl damals dem französischen Präsidenten versprach, aber seinen Wählern zu Hause noch verheimlichte, hatte ihn schon zwei Jahre vorher beschäftigt. 1988 stattete der Kanzler dem Zentralbankrat in Frankfurt einen Besuch ab und deckte erstmals seine Karten auf. »In der Währungsunion«, so teilte er den verblüfften Zentralbankiers mit, »muss Frankreich entgegengegangen werden. Dies muss man wie das Wetter hinnehmen. Wenn man merkt, so geht es nicht, muss man es anders machen. Das ist ein wesentlicher Weg der Politik.«

Die Herren im großen Sitzungssaal der Bundesbank ahnten die Absicht hinter der verquollenen Sprache. »Wir haben gedacht, wenn nötig, verkauft er auch die Bundesbank«, äußerte sich später ein Mitglied des Zentralbankrates.

Dass Kohl, Delors und der französische Präsident Mitterrand schon 1988 gegen Bundesbank und D-Mark konspirierten und dabei die Öffentlichkeit mit Absicht im Unklaren ließen, geht auch aus einer Äußerung von Pöhl hervor, die er ein Jahr später im kleinen Kreis machte: »Wenn der Plan bekannt wird und die deutsche Öffentlichkeit begreift, was es damit auf sich hat – vor allem, dass es um ihr Geld geht und dass die Entscheidungen künftig nicht mehr von der Bundesbank gefällt werden, sondern von einer neuen Institution –, dann, nehme ich an, wird sich erheblicher Widerstand regen.«

Widerstand hatte sich bereits geregt, und zwar in Bayern. Der deutsch-französische Vorstoß vom November 1987 hatte den Präsidenten der Bayerischen Landeszentralbank, Lothar Müller, dazu animiert, einen Brief an die Staatskanzlei in München zu schreiben: »Wir sollten nicht auch noch die Währungspolitik und das deutsche Sparbuch einer falsch verstandenen europäischen Kompromissbereitschaft opfern.«

In der Staatskanzlei saß damals Edmund Stoibers Vorgänger und politischer Ziehvater Franz Josef Strauß. Zeit seines Lebens ein überzeugter Europäer, konnte er sich dennoch oder gerade deswegen mit Kohls währungspolitischen Winkelzügen nicht anfreunden. Strauß schrieb an den Kanzler: »Wem könnte der Marsch in eine Weichwährungsunion, eine Harmonisierung in Richtung höherer Inflationsraten, eine kurzatmige Wirtschafts- und Haushaltspolitik nützen?«

Strauß hatte, ohne es zu ahnen, eine Frage gestellt, die im Jahr 2010 brandaktuell werden würde. Aber er hatte wohl, wie so viele, die Beharrlichkeit Kohls und seiner Verbündeten in Brüssel und Paris unterschätzt.

Wie sich Pöhl verschätzte

Derselbe Fehler unterlief Karl Otto Pöhl. Er wurde in die Vorverhandlungen eingebunden, er durfte selbst am Statut der Europäischen Zentralbank, so wie es in den Maastrichter Vertrag aufgenommen wurde, mitarbeiten – und er glaubte zu lange, er könne auf Zeit spielen.

Erstens verkalkulierte er sich, als er annahm, Frankreich werde eine europäische Zentralbanksatzung nach deutschem Vorbild nicht akzeptieren. Und zweitens glaubte er, die Bundesregierung werde an dem Junktim zwischen Politischer Union und Währungsunion festhalten. Da Frankreich aber von einer echten Politischen Union Europas mit französischem Souveränitätsverzicht wenig hielt, bestand deswegen auch – so dachte sich Pöhl – keine Aussicht auf eine monetäre Union.

So sah es jedenfalls aus, als Pöhl am 19. September 1990 in einem Raum der Frankfurter Börse vor Finanzfachleuten aus dem Nähkästchen plauderte. Ich nahm an dem Treffen teil und studierte den mächtigen Mann aus nächster Nähe: seine lässige Attitüde, das feine Tuch seines Anzugs, den kosmopolitischen Horizont, die Goldmünzen in den Manschetten, seinen Hang zur Ironie und Selbstironie. Der Kontrast zu seinem Gegenspieler Kohl hätte kaum größer sein können.

Als Vorsitzender des Ausschusses der europäischen Notenbankgouverneure konstatierte Pöhl: »Wir sind nicht dagegen, dass es eine europäische Notenbank und eine europäische Währung irgendwann geben wird.« Die Betonung lag auf *irgendwann* – und das sagte er nur ein knappes Jahr, bevor der Vertrag in Maastricht im Dezember 1991 paraphiert wurde!

Pöhl lästerte über die »ständigen Richtlinien einer riesigen Bürokratie in Brüssel«, äußerte Sympathie für die britische Euro-Skeptikerin Margaret Thatcher, warf der EG-Kommission vor, sich wie eine »Superregierung« zu gerieren – und lehnte vor allem jeden Automatismus auf dem Weg in eine Währungsunion ab. Er forderte die Regierungen auf, »sich nicht unter Zeitdruck setzen zu lassen mit symbolischen Zeitdaten«.

Pöhls Taktik bestand ganz offensichtlich darin, die Bedingungen für eine Währungsunion so hoch anzusetzen, dass sich Frankreich und die anderen nicht darauf einlassen würden. Vor allem dachte er dabei an die Unabhängigkeit der Zentralbank, die französischen Traditionen völlig zuwiderlief: »Ich bin noch nicht sicher, dass dieser Brocken geschluckt wird«, so damals Pöhl.

Und schließlich seine Warnung vor den enormen Kosten, die eine Währungsunion in Form von Subventionen verursachen würde. Denn: Sobald das Ventil möglicher Wechselkursänderungen entfalle, müsse die »Anpassung« über den Arbeitsmarkt und über Finanztransfers erfolgen. Damit meinte er: höhere Arbeitslosigkeit in den Südstaaten, höhere Subventionen aus deutschen Kassen.

Pöhl sprach für die gesamte Bundesbank, als er in der Frankfurter Runde warnte: »Wir hätten in einem solchen Prozess viel zu verlieren. Für die Bundesrepublik würde es bedeuten, dass wir die Deutsche Mark auf dem europäischen Altar zum Opfer bringen. Was wir haben, wissen wir. Was wir bekommen, wissen wir nicht.«

Kohls Niederlage in Maastricht

1990 konnte niemand ahnen, dass Kohl in Maastricht seine eigenen Verhandlungsziele verraten, eine diplomatische Niederlage größten Ausmaßes einstecken und dieses Fiasko hinterher auch noch als europäische Errungenschaft verkaufen würde.

Kohl hatte sich immer ganz klar auf die Parallelität zwischen Währungsunion und Politischer Union festgelegt. Noch am 27. August 1991, bei der Verabschiedung Pöhls aus dem Amt, hatte er erklärt: »Zu unseren unverzichtbaren Grundpositionen gehört auch die Forderung, dass die beiden Regierungskonferenzen über die Wirtschafts- und Währungsunion wie über die Politische Union eine untrennbare Einheit bilden.« (Beide Konferenzen tagten in Vorbereitung des Maastrichter Treffens nebeneinander.)

Tatsächlich hatten sich Kohl und Mitterrand vier Monate nach dem entscheidenden Europagipfel von Straßburg im Dezember 1989 darauf geeinigt, »parallel« über Währungsunion und Politische Union zu verhandeln. Und als Kohl wenige Tage vor der Maastrichter Konferenz gefragt wurde, was er denn tun werde, wenn am Ende zwar eine Einigung über die Währungsunion, aber nur ein Minimalkompromiss über die Politische Union herauskäme, gab er zur Antwort: »Dann gibt es Krach.«

Die Politische Union bekam Kohl in Maastricht bekanntlich nicht, trotzdem opferte er die D-Mark. Und er ließ sich – das war der zweite, noch schlimmere Fehler – auf einen starren Zeitplan ein. Genauer: auf den Vertragsteil, der einerseits Konvergenzbedingungen aufstellte und andererseits feststellte, dass die Währungsunion spätestens zum 1. Januar 1999 beginnen müsse.

Ein fester Zeitplan war aber nicht einmal im *Delors-Bericht* von 1989 vorgesehen, und er war in sämtlichen Erklärungen der Bundesbank vom September 1990 bis Ende 1991 strikt abgelehnt worden. Kohl lief wider besseres Wissen in die Falle, die man ihm in Maastricht gestellt hatte.

Er akzeptierte die innere Unlogik des Vertrages. Ein unverrückbares Datum festzulegen und gleichzeitig Konvergenzbedingungen für die Teilnahme an der Währungsunion zu stellen war widersinnig. Das war ungefähr so stimmig wie die Ankündigung: Am Sonntag unternehmen wir einen Ausflug, wenn die Sonne scheint, aber wir machen den Ausflug auf jeden Fall am Sonntag.

Es gab noch einen dritten, verhängnisvollen Konstruktionsfehler im Maastrichter Vertrag: Die Teilnahme an der Währungsunion war nicht freiwillig, und der Vertrag sollte für alle Ewigkeit gelten. Das bedeutete: Der EG-Rat würde spätestens in der ersten Jahreshälfte 1998 Deutschland zum Euro zwingen können, selbst wenn dann triftige Gründe gegen die Währungsunion sprachen.

Ein unnötiger Preis für die Wiedervereinigung

Dass sich die deutsche Delegation in Maastricht auf einen Vertrag einließ, den sie nach ihren eigenen Vorgaben hätte ablehnen müssen, hatte mit der Wiedervereinigung zu tun. Die Regierung glaubte offenbar, für die französische Zustimmung zur Wiedervereinigung nahezu jede Gegenleistung erbringen zu müssen – einschließlich der Liquidation der Deutschen Mark.

Richtig ist, dass Präsident Mitterrand zeitweise versuchte, die Wiedervereinigung zu hintertreiben (daher sein peinlicher Besuch in Ostberlin kurz vor dem Sturz des Regimes), und dann die Chance auf ein Gegengeschäft witterte und ergriff.

Sein außenpolitischer Berater, Jacques Attali, sagte denn auch ganz unumwunden, Maastricht sei ein langer und hochkomplizierter Vertrag, der im Wesentlichen nur einem Zweck diene – »die Mark loszuwerden«.

Nur stand es zu keinem Zeitpunkt im Belieben Frankreichs (oder Großbritanniens), die Wiedervereinigung zu verweigern. Das musste Kohl eigentlich wissen. Deutschland wurde vereinigt, weil die USA dies so wollten und weil die Sowjetunion zu schwach war, um es zu verhindern. Schon am 24. Oktober 1989, 16 Tage vor dem Fall der Mauer, erklärte

Präsident Bush: »Ich teile die Sorge nicht, die einige europäische Länder wegen einer Wiedervereinigung Deutschlands haben.«

Als Kohl am 15. Juli 1990 in der Sowjetunion zu Verhandlungen eintraf, war der amerikanisch-russische Deal praktisch schon perfekt. Die Deutschen »bewegten sich an einer langen, aber starken Leine, die Washington in der Hand hielt«, schrieb dazu Josef Joffe in der führenden außenpolitischen Zeitschrift der USA, *Foreign Affairs*.

Wer das bezweifelt und immer noch an die Legende glaubt, »Europa« habe die Wiedervereinigung ermöglicht, möge das hervorragend recherchierte Buch der amerikanischen Autoren Zelikow und Rice *Germany Unified and Europe Transformed* (Cambridge 1995) lesen.

Nur halbwahr ist übrigens, dass Kohl »die deutsche Einheit wollte«, wie er auf dem Titel eines Buches verkündete. Er wollte sie, als sie zum Greifen nahe war und gar nicht mehr hätte verhindert werden können. 1990 führte er die Verhandlungen durchaus zielstrebig und mit großem Geschick.

Aber vorher? In den Jahren vor 1989 gehörte das Wort Wiedervereinigung nicht zu seinem Vokabular. Noch ein knappes Jahr vor dem Fall der Mauer meinte er, dass er ein solches Ereignis wohl nicht mehr erleben werde – Ronald Reagan war bei seinem Berliner Besuch in dieser Hinsicht der bessere Realist. Und als Kohl im Februar 1989, nur neun Monate vor dem Fall der Mauer, gefragt wurde, wie er sich die Wiedervereinigung eines Tages vorstelle, fiel ihm als Antwort nichts Originelleres ein, als dass es ihm um »die politische Einheit Europas« gehe.

Von Mitgliedern der CDU/CSU-Bundestagsfraktion wie Professor Manfred Abelein weiß ich, dass Kohl in den 1980er-Jahren immer dann verärgert reagierte, wenn sie das Wort Wiedervereinigung in den Mund nahmen.

Mit den Hintergründen der Wiedervereinigung hat sich

Professor Detlef Junker in einem gut informierten Aufsatz in der *Frankfurter Allgemeinen Zeitung* vom 13. März 1997 befasst. Er verwies darauf, dass die Mehrheit der Amerikaner die deutsche Vereinigung freudig begrüßt habe – trotz des »tiefsitzenden Misstrauens gegenüber Deutschland bei vielen Intellektuellen, in der akademischen Welt und im amerikanischen Judentum«. Die USA seien traditionell nie deutschfeindlich gewesen. »Deutschland wurde nur dann zu einem Problem für die Vereinigten Staaten, wenn es zum Hegemon oder Unterdrücker Europas aufzusteigen drohte.«

Jedenfalls hätte sich die Bundesregierung nicht isoliert, wenn sie den Maastrichter Vertrag unter diesen Bedingungen abgelehnt hätte. Die USA haben nicht darauf gedrängt, die Sowjetunion ebenfalls nicht. Und die britische Premierministerin Margaret Thatcher lehnte eine einheitliche Währung und Geldpolitik in der EU sogar offen ab. Professor Junker kam zu folgendem Urteil:

»Es erscheint fraglich, ob die amerikanische Regierung im Frühjahr 1990 die Tragweite und mögliche Dynamik des Preises richtig eingeschätzt hat, den besonders Frankreich für die Zustimmung zur deutschen Vereinigung von der Bundesrepublik verlangte und erhielt: das Versprechen, das vereinigte Deutschland, insbesondere die D-Mark, zu europäisieren.«

Frankreich erhielt zwar die gewünschte »Kompensation« für die Wiedervereinigung (so Josef Joffe), aber internationaler Druck stand nicht dahinter. Es handelte sich in Wirklichkeit um eine meisterhafte diplomatische Leistung zweier Männer, von denen sich Kohl in Maastricht ausmanövrieren ließ: François Mitterrand und der Italiener Giulio Andreotti.

Beide hatten sich bereits am Sonntagabend, dem 8. Dezember 1991, noch vor Eröffnung des Maastrichter Gipfels, in einem Hotel außerhalb der Stadt getroffen und einen machiavellistischen Plan ausgeheckt: Sie würden die strengen deutschen Vertragsbedingungen, vor allem die Konvergenzkriterien, akzeptieren (obwohl Italien sie gar nicht erfüllen konnte) und dafür die deutsche Verpflichtung einfordern, spätestens 1999 automatisch und unwiderruflich mit der Währungsunion zu beginnen.

So kam es, dass sich Kohl, Genscher und Waigel auf einen Fahrplan für den Euro, der damals noch ECU heißen sollte, festlegen ließen. Und doch sah es in den Jahren nach Maastricht mehr als einmal so aus, als werde der Zug entgleisen und nie ankommen. Massive Widerstände waren zu überwinden. Der Kampf um den Euro hatte gerade erst begonnen.

KAPITEL 4

Der Kampf um den Euro

Um die Konstruktionsfehler der Europäischen Währungs-
union zu verstehen, die im Winter 2009/2010 nach langer
Inkubationszeit aufbrachen, und um eine Vorstellung von der
Krise zu bekommen, die der Euro noch durchlaufen wird,
müssen wir seine wechselvolle Vorgeschichte aus den 1990er-
Jahren kennen. Es ist eine fatale Geschichte mit Vorlauf und
Folgen, die von den handelnden Politikern niemals erzählt
werden wird.

Zwar hatten sich die Staats- und Regierungschefs bereits
im Dezember 1991 im niederländischen Maastricht auf die
Einheitswährung festgelegt und den 1. Januar 1999 als spätes-
tes Datum für ihre Einführung fixiert, aber damit war keineswegs entschieden, von welcher Qualität das neue Geld sein
würde, ob die Europäer einen romanischen oder germani-
schen Euro, einen eher französischen oder deutschen bekommen würden. Der Kampf um den Euro nahm Jahre in An-
spruch. Entschieden war er erst 1998, als die Liste der Teilnehmer – zunächst noch ohne Griechenland – feststand.

Die Handlung hatte alle Zutaten eines großen Romans:
verschiedene Handlungsstränge, Phasen des Stillstands und
der Beschleunigung, Deutschland und Frankreich als Partner
und Kontrahenten, die schwierige Rolle der Bundesbank, der
Einfluss mächtiger Wirtschaftskreise im Hintergrund und der
latente Widerstand des deutschen Volkes, das von Helmut
Kohl und der politischen Klasse vom Entscheidungsprozess
ausgeschlossen werden musste.

Vieles blieb der Öffentlichkeit bis zuletzt verborgen. Dazu passte, was in einer niederländischen Tourismusbroschüre über den berühmten »Maastricht Underground« zu lesen ist: »Teilweise befindet sich das kulturelle Erbe von Maastricht unter der Erde. Die Grotten sind einmalig schön und schaurig.«

Waigel hat nichts dazugelernt

Schaurig war es, mit welchem Maß an Uneinsichtigkeit, Selbstgerechtigkeit und Gedächtnisschwäche der in den 1990er-Jahren verantwortliche Bundesfinanzminister Theo Waigel am 24. März 2010 in einem ganzseitigen Beitrag (»Der Euro hält Europa zusammen«) in der *Frankfurter Allgemeinen Zeitung* am Kern des Problems vorbeischrieb.

Zwar gibt er zu, dass der von ihm durchgesetzte Stabilitätspakt 2005 »durch ein unseliges Zusammenspiel zwischen Deutschland und Frankreich aufgeweicht wurde«, setzt dann aber sogleich eine Geschichtsklitterung in die Welt, wenn er behauptet, viele Länder müssten jetzt »mit dem gleichen Ernst und derselben Anstrengung« ihre Wirtschafts- und Finanzkennziffern wieder in Ordnung bringen, mit denen sie sich vor mehr als einem Jahrzehnt angeschickt hätten, 1997 und 1998 die Konvergenzkriterien des Maastrichter Vertrages zu erfüllen.

Eine schöne Umschreibung des Tatbestandes der »kreativen Buchführung«, an der sich auch Waigel selbst versuchte, als er die Bundesbank zwingen wollte, ihre Goldreserven höher zu bewerten und den Buchgewinn zur Erfüllung der Konvergenzkriterien an seinen Haushalt zu überweisen.

Zugegeben, dies hatte ich ihm – inspiriert durch ein Gespräch mit dem Chefgoldhändler der Deutschen Bank, Fritz Plass – in einem Brief selbst vorgeschlagen. Allerdings zur

Finanzierung der Kosten der deutschen Wiedervereinigung und nicht, um die Konvergenzkriterien zu manipulieren.

Bei näherem Hinsehen entpuppt sich Waigels Artikel in der *Frankfurter Allgemeinen Zeitung* als eigenartige Mischung aus richtigen Empfehlungen, Halbwahrheiten und Propaganda.

Richtig ist der Rat an die Europäische Zentralbank, sie solle nicht auf Inflation als Mittel zur Lösung der staatlichen Schuldenprobleme setzen – ob der Zentralbank am Ende vielleicht nichts anderes übrig bleibt, muss sich allerdings erst noch herausstellen.

Halbwahr ist das Argument, die deutsche Exportwirtschaft brauche den Euro, weil er Abwertungen verhindert. Ohne Zweifel profitiert ein Exporteur von festen Wechselkursen und von einem großen Währungsraum, weil er so besser kalkulieren kann. Aber die deutsche Exportwirtschaft hat auch vor der Euro-Einführung schon zu Zeiten des Wirtschaftswunders floriert und zahlreiche Abwertungen in Europa und den USA (und Aufwertungen der D-Mark) überlebt. Außerdem kann sich jede Firma, die das möchte, mithilfe der Banken am Devisenmarkt absichern.

Wenn feste Wechselkurse wirklich Voraussetzung der Exporterfolge wären, warum wächst dann der deutsche Außenhandel mit China und anderen aufstrebenden Ländern in Asien und Lateinamerika? Der Export lässt sich zwar als ein Argument pro Euro anführen, aber dies muss gegen die Nachteile abgewogen werden. Wenn Griechenland wegen des Euro-Korsetts in eine Dauerrezession eintritt, wird das Land mit oder ohne Währungsunion nicht mehr sehr viel importieren können.

Geradezu abstrus ist die schon von Helmut Kohl betriebene Angstmache, der Euro sei eine Frage von Krieg oder Frieden. Wir bräuchten die Einheitswährung, unterstellt Waigel, weil Länder mit einer gemeinsamen Währung nie mehr Krieg gegeneinander führten. Wenn dem so wäre, wie erklärt sich dann der Ausbruch des amerikanischen Bürgerkrieges 1861 oder der Beginn des Ersten Weltkrieges 1914, als die großen europäischen Mächte schon einmal dieselbe Währung hatten, nämlich Gold? Das eine hat mit dem anderen nichts zu tun.

Gleich zu Beginn seines Beitrages in der *Frankfurter Allgemeinen Zeitung* verrät Waigel, warum er zur Feder greifen musste. Die Euro-Kritiker, mokiert er sich, »holen heute ihre 15 Jahre alten Traktate wieder aus den Schubladen und wärmen ihre alten Vorurteile wieder auf«.

Vorurteile? Messen wir Waigel doch einfach an dem, was er in den 1990er-Jahren angestrebt hat – und nicht durchsetzen konnte. Dann stellt sich heraus, dass der Euro nach Waigels eigener Logik früher oder später in schweres Fahrwasser geraten musste. Denn der Finanzminister war sich durchaus bewusst, dass der Erfolg der Einheitswährung unabdingbar die Einhaltung der sogenannten Konvergenzkriterien voraussetzte.

Die Illusion der Konvergenz

Was ist denn eigentlich mit Konvergenz gemeint? Laut *Duden* bedeutet konvergieren: sich einander nähern, zusammenlaufen, übereinstimmen.

Beispielsweise besteht zwischen Deutschland und den Niederlanden seit Langem ein hoher Grad an Konvergenz. Die Wirtschaftsstruktur, Löhne und Preise, Produktivität und Arbeitsmoral, der hohe Exportanteil und damit die positive Leistungsbilanz, aber auch die öffentlichen Finanzen – das alles liegt auf einem sehr ähnlichen oder, wie man gerne sagt, »vergleichbaren« Niveau.

Eine gemeinsame deutsch-niederländische Währung wäre völlig unproblematisch, aber man bräuchte sie eigentlich nicht.

Man könnte genauso gut den Gulden und die D-Mark gegeneinander fixieren, ohne Abwertungen befürchten zu müssen. Im Grunde wäre die Einführung fester Wechselkurse zwischen beiden Ländern sogar unnötig.

Ebenfalls tragfähig wäre eine Währungsunion zwischen Deutschland und Österreich, vielleicht sogar mit Frankreich, auch wenn hier die Konvergenz zu wünschen übrig lässt: Die französische Leistungsbilanz ist defizitär, die Volkswirtschaft nicht besonders flexibel und die Wirtschaftspolitik der Regierung dirigistisch. Im Zweifelsfall wird in Frankreich bereitwilliger inflationiert als in Deutschland.

Dass mit dem Euro Länder in eine Währungsunion gezwungen wurden, die nicht in derselben Liga spielen und die auf unabsehbare Zeit nicht in die Erste Liga aufsteigen werden, liegt auf der Hand. Wäre dem nicht so, dann hätte es nicht in der ersten Hälfte der 1990er-Jahre eine ganze Serie von Abwertungen gegeben – besonders viele in Portugal und Spanien. Dann hätte man die sogenannten Konvergenzkriterien gar nicht erst erfinden müssen.

Der Trick dabei war, dass monetäre und damit leichter manipulierbare Kriterien ausgewählt wurden und dass die Konvergenz nicht über einen längeren Zeitraum gemessen wurde, sondern an den Resultaten eines Stichjahres, nämlich 1997.

Dass es völlig unmöglich ist, das Finanzgebaren eines Volkes, eine Geld- und Wirtschaftsstruktur, die sich über viele Jahrzehnte entwickelt hat, innerhalb weniger Jahre umzukrempeln, hat sich inzwischen herausgestellt. In der Eurozone wurde zusammengefügt, was nicht zusammenpasste.

So kam es, dass mit dem Euro nicht die Unterschiede beseitigt wurden, wohl aber das Thermometer. Ein europäischer Devisenmarkt nämlich, der auf divergierende Inflationsraten, Haushalts- und Leistungsbilanzdefizite, Produktivitätsunterschiede etc. reagieren konnte, indem die eine Währung gekauft wurde und andere unter Druck gerieten.

Oft war dabei die Spekulation aktiv, aber immer standen objektive Faktoren dahinter. Nie geriet eine Währung, die keinen Anlass dazu gab, in die Krise.

Dass die Eurozone weit entfernt von einem optimalen Währungsraum ist, hätten die verantwortlichen Politiker in den 1990er-Jahren ebenso gut herausfinden können wie 2010, als es dafür allerdings schon zu spät war. Teil der Selbsttäuschung war es damals nicht zuletzt, bei der Beurteilung der gewünschten Konvergenz die reale Wirtschaft außer Acht zu lassen. Produktivität, Lebensstandard, Konkurrenzfähigkeit, Korruptionsanfälligkeit und Sparverhalten wurden ebenso wenig berücksichtigt wie die Finanzgeschichte, die ein Land prägt.

Dass die Teilnehmer ohne realwirtschaftliche Konvergenz in die Währungsunion stolperten, geht schon daraus hervor, dass Griechenland, Portugal und Spanien weiterhin auf hohe Geldtransfers aus Brüssel angewiesen blieben. Die Transfers als solche waren Beweis dafür, dass keine Konvergenz erreicht war.

Die Kriterien von Maastricht

Stattdessen beschränkte sich der Maastrichter Vertrag auf vier monetäre Konvergenzkriterien, wobei ausgeblendet wurde, dass eine echte Konvergenz einen jahrelangen, vielleicht jahrzehntelangen Prozess voraussetzt. Eine Momentaufnahme genügt dabei nicht.

Noch 1996 wurden die drei wichtigsten Maastricht-Kriterien – Inflation, Haushaltsdefizit und Staatsverschuldung – nur von einem einzigen EU-Mitglied erfüllt, nämlich dem Sonderfall Luxemburg. Dessen ungeachtet wurde 1998 auf Basis der Statistiken des Jahres 1997 entschieden, die Währungsunion 1999 beginnen zu lassen.

An dieser Stelle möchte ich im Detail festhalten, wie laut Maastrichter Vertrag ein »hoher Grad dauerhafter Konvergenz« gemessen werden sollte:

Erstens wurde aus den Inflationsraten der in puncto Teuerung drei besten Mitgliedstaaten ein Durchschnitt errechnet. Von diesem durfte die Inflationsrate anderer Beitrittskandidaten höchstens um 1,5 Prozent nach oben abweichen. Die Konvergenz der Inflationsraten wurde als »dauerhaft« eingestuft, wenn die Bedingung im letzten Jahr vor der Prüfung, also 1997, erfüllt wurde. Das Ganze war ein schlechter Witz, weil Inflationsmentalität und Inflationsanfälligkeit eines Landes natürlich nicht in einem so kurzen Zeitraum beurteilt werden können.

Zweitens sollte die Quote aus Staatsdefizit und Bruttoinlandsprodukt zu Marktpreisen nicht mehr als drei Prozent betragen, war aber auch dann noch akzeptabel, wenn sie »erheblich und laufend zurückgegangen ist und einen Wert in der Nähe des Referenzwertes erreicht hat oder der Referenzwert ausnahmsweise und vorübergehend überschritten wird«. In welchem Zeitraum sich das abspielen sollte, wurde im Vertrag nicht präzisiert. Die Folge war, dass die Mehrzahl der Euro-Aspiranten ihren Staatshaushalt im entscheidenden Jahr 1997 nach Kräften frisierte – ein Betrug am Buchstaben und am Geist des Vertrages, über den alle hinwegsahen, um die politisch gewollte Währungsunion zu erzwingen.

Drittens galt als Bedingung eines hohen Grades an Konvergenz, dass die öffentliche Schuldenlast eines Bewerbers nicht mehr als 60 Prozent des Bruttoinlandsproduktes (BIP) ausmachen sollte. Abweichungen nach oben sollten nur hingenommen werden, wenn sich die Schuldenstandsquote »rasch genug« dem Referenzwert annäherte. Konkrete Angaben über eine erforderliche Zeitspanne fehlten auch hier. Von Deutschland und Frankreich wurde die 60-Prozent-Regel gerade noch erfüllt (inzwischen längst nicht mehr), in Italien, Griechenland und Belgien hingegen überstieg der Schuldenberg das jährliche Bruttoinlandsprodukt, lag also über 100 Prozent.

Schließlich sollten – viertens – die langfristigen nominalen Zinssätze eines Euro-Landes um nicht mehr als zwei Prozent über dem durchschnittlichen Zinsniveau der drei Mitgliedsländer mit der niedrigsten Inflationsrate liegen. Dies war mithilfe der internationalen Spekulation leicht erfüllbar, denn sobald die Hedgefonds und die Banken ernsthaft mit der Währungsunion rechneten, kauften sie die damals noch hoch rentierenden Anleihen der EU-Peripherie und drückten damit die Zinsen der Schwachwährungsländer in die Nähe des deutschen Niveaus. Ein fantastisches Geschäft mit geringem Risiko, denn die auf Lira, Peseta, Escudo und Drachme lautenden Bonds würden ja am Tag X auf Euro umgestellt. Die Spieler mussten nur den Willen der Regierungen, die Währungsunion um jeden Preis durchzusetzen, rechtzeitig richtig einschätzen.

Ich unterstelle dem früheren Finanzminister Waigel nicht, dass er die Konvergenzkriterien nicht ernst nahm. Er wollte sie sogar drastisch verschärfen. Dies zu versuchen, nachdem er schon lange vorher, nämlich im Februar 1992, den Vertrag unterschrieben hatte, grenzte allerdings an Naivität.

Als die Franzosen und die Südstaaten die deutsche Unterschrift erst einmal im Sack hatten, dachten sie gar nicht daran, neue Konzessionen zu machen. Eine andere Erklärung besteht freilich darin, dass Waigel so hartnäckig auf den Stabilitätskriterien herumritt, weil er damit die deutsche Öffentlichkeit beruhigen wollte.

Der Bundestag: versprochen, gebrochen

Eine eher klägliche Rolle spielten die deutschen Volksvertreter. Darin geübt, jedes von den EU-Instanzen angeordnete

Gesetz und jeden Europa-Vertrag ungelesen durchzuwinken, hatte das Hohe Haus selbstverständlich auch dem Maastrichter Vertrag zugestimmt.

Am 2. Dezember 1992 demonstrierten die Abgeordneten ungewohnte Härte. In einer für die Regierung bindenden Entschließung verlangte der Bundestag, beim Übergang zur Währungsunion »die Stabilitätskriterien eng und strikt auszulegen«. Und: Die Entscheidung, der Währungsunion beizutreten, »darf sich nicht an Opportunitätsgesichtspunkten, sondern muss sich an realen ökonomischen Gegebenheiten orientieren«.

Dann setzten die Parlamentarier noch einen drauf und stießen eine Warnung aus, die an Deutlichkeit nicht zu wünschen übrig ließ: »Der Deutsche Bundestag wird sich jedem Versuch widersetzen, die Stabilitätskriterien aufzuweichen, die im Maastrichter Vertrag vereinbart worden sind. Er wird strikt darüber wachen, dass der Übergang zur dritten Stufe sich streng an diesen Kriterien orientiert.« Mit der dritten Stufe war die Einführung des Euro als Buchgeld am 1. Januar 1999 gemeint.

Wer erinnert sich heute noch an diese Entschließung? Sie blieb Schall und Rauch. Der Bundestag widersetzte sich nicht nur nicht dem Versuch der Vertragsverletzung, sondern nicht einmal dem Rechtsbruch selbst. Er sah widerstandslos zu, wie die Regierungen den Vertrag zur Makulatur machten. Überraschend war das nicht, denn ebenso wenig wie in Brüssel eine Gewaltenteilung zwischen Exekutive und Legislative de jure existiert, besteht sie de facto in Deutschland.

Und das Parlament misstraute dem Souverän, sonst hätte ja nichts dagegen gesprochen, das Volk über den Vertrag von Maastricht abstimmen zu lassen und das dafür nötige Gesetz auf den Weg zu bringen.

Nach den Meinungsumfragen zu urteilen, hätten die Deutschen für die D-Mark und gegen den Euro votiert. Die Franzosen einschließlich der Bewohner der französischen Karibik-inseln durften abstimmen und sagten mit knapper Mehrheit Ja. Die Dänen lehnten den Vertrag ab, mussten aber später, wie in der EU üblich, noch einmal an die Urne. Europa-Verträge können bekanntlich nicht in Kraft treten, bevor sie nicht von allen Mitgliedstaaten ratifiziert sind.

Dass die Deutschen besser nicht über ihre eigenen Belange entscheiden sollten, war die feste Meinung von Helmut Kohl. So jedenfalls äußerte er sich gegenüber Alexandre Lamfalussy, dem früheren Generaldirektor der Baseler Bank für Interna-tionalen Zahlungsausgleich, der Anfang 1994 die Leitung des Europäischen Währungsinstituts in Frankfurt übernommen hatte. Als Vorläufer der EZB hatte das EWI die Aufgabe, die Umstellung der nationalen Währungen auf Euro vorzuberei-ten. Lamfalussy und seine Beamten bezogen Quartier in der früheren Zentrale der gewerkschaftseigenen Bank für Ge-meinwirtschaft, auf halbem Weg gelegen zwischen Haupt-bahnhof und Stadtzentrum. Sie wurde später in »Euro-Tower« umbenannt.

In seinem Euro-Buch erzählt David Marsh von vier Be-gegnungen zwischen Kohl und Lamfalussy. Einmal sagte der international hoch angesehene Bankier zum Kanzler: »Ich weiß nicht, wie Sie es schaffen wollen, die Deutschen zur Aufgabe der D-Mark zu bewegen.«

Kohl antwortete: »Es wird kommen. Die Deutschen fügen sich einer starken Führung.« Er fügte hinzu: »Ich weiß, dass es schwierig ist, aber man muss es durchziehen.«

Brunner zieht die Konsequenzen

Widerstand leistete die Crème de la crème der deutschen Wirtschaftsprofessoren. Über 100 von ihnen unterzeichneten eine Petition gegen den Euro. Und in Brüssel saß ein Eurokrat,

Manfred Brunner, der als Kabinettschef von Kommissar Bangemann für das System arbeitete und es dennoch wagte, eine Volksabstimmung in Deutschland zu fordern. Er stellte seine Überzeugung über die Rundumversorgung einer hoch dotierten Position mit weitgehend steuerfreien Bezügen. Da wurde er entlassen.

Brunner, Rechtsanwalt und früherer FDP-Vorsitzender in Bayern, zog vor das Bundesverfassungsgericht. Am 12. Oktober 1993 erklärten die Richter den Vertrag von Maastricht zwar für verfassungskonform, akzeptierten ihn aber nur mit einer neuen Interpretation seines Inhaltes. Sie bezogen Gegenposition zu früheren Aussagen Kohls und seiner Regierung. Und sie lieferten den Gegnern der europäischen Zentralisierung Argumente, die bis heute gelten.

Die Verfassungsrichter befanden, dass der Unionsvertrag zwar einen europäischen »Staatenverbund« begründet, aber »keinen sich auf ein europäisches Staatsvolk stützenden Staat«. Eine vom deutschen Volk ausgehende Legitimation müsse gesichert sein. Dem Deutschen Bundestag müssten, so Karlsruhe, »Aufgaben und Befugnisse von substanziellem Gewicht« verbleiben.

Besonders heikel, in der Praxis bislang nie getestet, aber ein möglicher Auslöser für einen europäischen Verfassungskonflikt war die Feststellung, dass das Bundesverfassungsgericht zwar in Kooperation mit dem Europäischen Gerichtshof handelt, in Konfliktfällen jedoch das letzte Wort hat.

Zum Euro urteilten die Verfassungsrichter, dass sich die Bundesrepublik auch nach der bereits vollzogenen Zustimmung durch den Bundestag »nicht einem unüberschaubaren, in seinem Selbstlauf nicht mehr steuerbaren ›Automatismus‹ zu einer Währungsunion« unterwirft.

Darin sah Manfred Brunner die Chance, den Euro zu verhindern und die D-Mark zu retten. Er ging daran, eine Partei zu gründen, und begann unverzüglich mit den Vorbereitungen. Im Dezember 1993 traf ich ihn in einem Hotel am Münchener Hauptbahnhof, um mir seine Pläne anzuhören.

Da hatte Brunner bereits – ein geschickter Schachzug – die überparteiliche Stiftung »Demokratie und Marktwirtschaft« ins Leben gerufen und Personen mit Einfluss für den Beirat gewinnen können: aus der CSU den damaligen Umweltminister Peter Gauweiler, aus der FDP den prominenten Starnberger Landrat Rudolf Widmann, von den Medien den wirtschaftspolitischen Ressortleiter der *Frankfurter Allgemeinen Zeitung,* Hans Barbier, außerdem den auch in der SPD geschätzten Historiker Professor Arnulf Baring, der wie Brunner für eine Volksabstimmung über den Maastrichter Vertrag plädierte, und sogar einen leibhaftigen Zentralbankier, nämlich Lothar Müller, den Präsidenten der Bayerischen Landeszentralbank.

Auch die Gegenseite machte Tempo: Bereits am 29. Oktober einigten sich die EG-Regierungen auf Frankfurt als Sitz des Europäischen Währungsinstituts, und am 1. November 1993 trat der zwei Jahre zuvor ausgehandelte Vertrag in Kraft.

Vergeblicher Widerstand: der Bund Freier Bürger

Am 23. Januar 1994 versammelten sich 87 Männer und Frauen im Hotel *Oranien* in Wiesbaden, darunter zahlreiche frühere Mitglieder von CDU, CSU und FDP, um eine neue Partei zu gründen. Sie nannten sich »Bund Freier Bürger«, forderten den Erhalt der D-Mark und ein als Staatenbund organisiertes Europa der Vaterländer.

Das Medienecho war beachtlich und eher positiv. Bereits am 18. Dezember 1993, als die Gründung gerade vorbereitet wurde, bescheinigte die *Frankfurter Allgemeine Zeitung* der neuen Partei, sie »könnte der Beginn einer gravierenden Verschiebung im deutschen Parteiengefüge sein«.

Gemeint war die Etablierung einer liberal-konservativen Kraft rechts von der Mitte, die der Bundesrepublik im Gegensatz zu ihren Nachbarländern bis heute fehlt. Helmut Kohl witterte Gefahr und mobilisierte die *Bild-Zeitung*, die mit gehässigen Artikeln Stimmung gegen den Bund Freier Bürger (BFB) machte.

Als es zu spät war, drehte sich *Bild* um 180 Grad, avancierte zum Sprachrohr des entsetzten Volkes und titelte am 4. Mai 2010: »Warum brechen unsere Politiker diesen EU-Vertrag?« Noch heftiger der Aufmacher am 11. Mai: »Wir sind wieder mal Europas Deppen!« Und zwar deswegen: »750 Milliarden für Pleite-Nachbarn, aber Steuersenkung gestrichen.« Höhe des Titels: 28 Zentimeter!

Im Februar 1994 verließ Dr. Gerhard Pfreundschuh, Landrat des Neckar-Odenwald-Kreises, ein Mann von Format, der sich intensiv mit der Reform des Gemeinwesens beschäftigt hatte, die CDU und schloss sich dem BFB an. Schon vorher war Wilfried Hofmann, FDP-Abgeordneter in Sachsen-Anhalt, zum BFB gewechselt.

Auch abgesehen von der Freundschaft zwischen Brunner und Gauweiler kam es zu Kontakten mit der CSU-Führung um Ministerpräsident Stoiber, die jedoch ergebnislos blieben. Stoiber teilte Brunners Bedenken gegen die Einheitswährung und gegen den Maastrichter Vertrag und musste sich deswegen von Heiner Geißler (CDU) vorwerfen lassen, er begehe mit seinem europapolitischen Kurs »Hochverrat«. Na ja, wenn schon Hochverrat, dann begingen ihn die Unterzeichner des Vertrages von Maastricht.

Für eine noch sehr kleine Partei verfügte der Bund Freier Bürger über eine herausragende intellektuelle Kapazität und konnte eine überdurchschnittliche Konzentration von Hochschullehrern vorweisen. Die Professoren Karl Albrecht Schachtschneider, Joachim Starbatty, Hans-Heinrich Rupp, Michael Kobler und Bernd-Thomas Ramb rückten im Januar auf der Gründungsversammlung in Wiesbaden in das Präsidium ein. Sie alle und außerdem Professor Achim Fahs aus Mecklenburg-Vorpommern wurden auf die vorderen Plätze der BFB-Liste zur Europawahl am 12. Juni 1994 gewählt. Nicht zu vergessen der Frankfurter Notar Dr. Wolfgang Hacker und Rolf-Dieter Gmeiner, Rechtsanwalt aus Wiesbaden, die sehr viel Zeit und Kraft in den Kampf gegen den Euro investierten. Ich selbst stand nach Brunner und Schachtschneider auf Platz drei.

Eine Zeit lang sah es so aus, als entstehe eine breite europäische Front gegen den Brüsseler Zentralismus. Der BFB kooperierte mit der britischen *Referendum Party* des Milliardärs Sir James Goldsmith, mit Haiders FPÖ und mit der französischen Gruppierung von Philippe de Villiers. Nur lose Kontakte bestanden zu Christoph Blochers Volkspartei, zur dänischen Volkspartei und zu anderen euro-skeptischen Parteien und Persönlichkeiten.

Hauptproblem jeder neuen Partei ist bekanntlich der Bekanntheitsgrad. Dem sollte die Kooperation mit der FPÖ abhelfen. Das gelang auch bis zu einem gewissen Grad, sorgte jedoch für negative Schlagzeilen und für innere Spannungen im BFB.

Kaum war der frühere deutsche Botschafter in Peking, Erwin Wickert, der Vater des *Tagesschau*-Sprechers, dem BFB beigetreten, meldete ein Magazin, er sei »bereits« unter dem NS-Außenminister Ribbentrop Diplomat gewesen. Das war zu viel für Wickerts Nerven, er trat schon im April wieder aus. Auch Ex-Botschafter Schauer trennte sich noch vor der Wahl zum Europäischen Parlament vom BFB. Allerdings unterstützte der frühere ZDF-Moderater Gerhard Löwenthal tapfer den Wahlkampf der neuen Partei.

Am 12. Juni stellte sich heraus, dass die wenigen Monate zwischen Parteigründung und Europawahl nicht ausgereicht hatten, um eine flächendeckende Organisation aufzubauen und die Wähler zu erreichen. Auf den BFB entfielen nur 385 676 Stimmen bzw. 1,1 Prozent.

Lediglich in einigen südbayerischen Landkreisen im Verbreitungsgebiet des *Münchner Merkur* gelang der Sprung über die Fünf-Prozent-Hürde. Überdurchschnittliche Ergebnisse wurden auch in den hessischen Kreisen Main-Taunus und Hochtaunus, im Neckar-Odenwald-Kreis, in den niedersächsischen Landkreisen Vechta und Harburg sowie im Landkreis Zittau in Sachsen erzielt. Vorwiegend also dort, wo der BFB organisiert war und gute Leute ins Rennen schicken konnte.

Die Konsequenz aus dem enttäuschenden Ergebnis der Europawahl hätte lauten müssen, auf eine langfristige Strategie umzuschalten, während der Ära Kohl zu überwintern und auf die Stunde der Wahrheit zu warten. Es dauerte 16 Jahre, bis die Euro-Illusion platzte und die Erkenntnis wuchs, dass im deutschen Parteiensystem eine Lücke klafft, die früher oder später besetzt werden wird.

Die Teilnahme an verschiedenen Landtagswahlen und an der Bundestagswahl 1998 kostete zu viel Geld und stellte sich als Fehler heraus. Ende 1998 kündigte Brunner seinen Austritt aus dem BFB an, im Jahr 2000 löste sich die Partei auf.

Immerhin hatte der BFB noch im September 1995 auf einem Parteitag in Bad Kissingen die einzige große Protestaktion des deutschen Bürgertums gegen den Euro auf den Weg gebracht: das »Volksbegehren Rettet die D-Mark«.

Es wurden eine Viertelmillion Unterschriften gewonnen. Am 28. März 1998 versammelten sich tausend Eurogegner zu einer Großveranstaltung vor der Paulskirche in Frankfurt und zogen dann zur Deutschen Bundesbank. Anschließend startete ein Staffellauf nach Bonn zum Deutschen Bundestag. Dort wurden die Pakete mit den Unterschriften den Mitgliedern des Bundestagsfinanzausschusses übergeben.

Die nahmen sie ungerührt und folgenlos in Empfang, der Euro-Zug ließ sich nicht mehr aufhalten. Im Rückblick verschafft es Genugtuung, einen Standpunkt öffentlich vertreten zu haben, der sich als richtig erwiesen hat.

Was vom Bund Freier Bürger blieb, sind gut 20 000 ehemalige Mitglieder und Sympathisanten, ein loses Netzwerk, Kontakte, die bis heute gepflegt werden, und ein einmaliger Fundus an europapolitischem Sachverstand.

Noch Jahre nach dem BFB-Ende munitionierte Klaus-Peter Heim, der frühere Chefredakteur der *ADAC-Motorwelt*, Euro-Skeptiker und Gegner des Lissabon-Vertrages, in ganz Europa unermüdlich mit Informationen und Argumenten. Gelegentlich treffe ich ihn auf Veranstaltungen der Münchener Winterakademie, einer Vortragsreihe unter Leitung von Regina Freifrau von Schrenck-Notzing , die bereits 1994 im Führungskreis des BFB dabei war.

Der emeritierte Heidelberger Professor der Volkswirtschaftslehre, Dr. Franz-Ulrich Willeke, ein hoch geschätzter Gesprächspartner, bleibt seit Jahren den Finanztransfers innerhalb der EU auf der Spur. Die Professoren Starbatty, Schachtschneider und Hankel (Letzterer ein Mitstreiter, kein Parteimitglied) sind bis heute in den Medien präsent. Sie hatten im Januar 1998 zusammen mit Professor Wilhelm Nölling, dem früheren Mitglied des Zentralbankrates, eine weitere Klage gegen die Währungsunion vor dem Bundesverfassungsgericht eingereicht. Zusammen mit der Verfassungsbeschwerde von Professor Rupp wurde sie am 31. Mai 1998 vom Zweiten Senat als »offensichtlich unbegründet« verworfen. Der Beschluss war 39 Seiten lang, durchaus aufschlussreich und enthielt den gar nicht ironisch gemeinten Satz: »Geld ist geprägte Freiheit.« Mehr war von den Verfassungsrichtern, die wohl oder übel zwischen Recht und politischen Zwängen balancieren müssen, nicht zu erwarten.

Am 9. Februar 1998 forderten 155 (!) deutsche Professoren der Wirtschaftswissenschaft eine »geregelte Verschiebung« der Währungsunion, darunter als Erstunterzeichner des Manifestes Roland Vaubel und Renate Ohr, denen ich ebenfalls manche Anregung verdanke.

Noch am 13. Februar 1998, weniger als ein Jahr vor dem Euro-Start, veröffentlichte die *Financial Times* eine Umfrage, derzufolge nur 30 Prozent der Deutschen den Austausch der D-Mark durch den Euro befürworteten!

Da lief der Widerstand schon endgültig ins Leere. Ende März 1998 wurde elf Staaten, darunter auch Italien, in amtlichen Gutachten bescheinigt, dass sie reif seien für die Teilnahme an der Währungsunion.

Helmut Kohl, der große Ökonom und Visionär, behauptete damals am 22. April vor dem Finanzausschuss des Bundestages, Frankfurt werde dank des Euro zu »einem ganz großen Finanzplatz«, die Schweiz werde innerhalb von zehn Jahren beitreten und in wenigen Jahren auch Großbritannien. »Die Londoner City ist schon auf dem Trip, und wo die City hingeht, da geht auch London hin.« Das hatte er sich so gedacht.

Und doch war zeitweise um die Mitte der 1990er-Jahre der Eindruck entstanden, als könne sich der Euro zu einem Klon der D-Mark entwickeln. Zumindest Finanzminister Waigel, aber nicht nur er, schien sich der Illusion hinzugeben, die D-Mark könne nach Europa »exportiert« werden.

Ein deutscher Anfall von Größenwahn

Aus diesen Jahren eines leichtsinnig überhöhten deutschen Selbstgefühls sind starke Sprüche überliefert. Der CSU-Europapolitiker Dr. Ingo Friedrich sprach im August 1993 von einer »Führungsrolle« Deutschlands in Europa, von einem »führenden Platz« und einem »Primus inter pares«. Das Papier, das er für die Presse erstellte, trug den schönen Titel *Europa auf dem Prüfstand – Deutschlands Weg ins nächste Jahrhundert.*

Wenig bescheiden äußerte sich auch der Kanzler am 8. Dezember 1994 in der ARD-Sendung *Farbe bekennen.* Auf die Frage nach einer Führungsrolle der Bundesrepublik zierte er sich erst, und dann kam es doch heraus: »Wir müssen es auch machen. Wir haben es ja längst akzeptiert. Aber wir dürfen um Gottes willen doch nicht dauernd darüber reden. Lassen Sie doch das andere sagen. Als junger Abgeordneter habe ich von Konrad Adenauer mal ein bemerkenswertes Wort gehört, das ich gar nicht gleich verstanden habe. Heute verstehe ich es besser. Der sagte einmal salopp: Wir waren 50 Jahre die Hochstapler in Europa, jetzt müssen wir 50 Jahre die Tiefstapler sein. Das ist keine Abkehr von deutschen Interessen, sondern wir müssen nicht jeden Tag den Kopf zum Fenster heraushängen und der ganzen Welt verkünden: Wir sind wer, wir sind 80 Millionen, wir sind wirtschaftlich die Stärksten. Das wissen die alle … Wir müssen psychologisch geschickt sein.«

Nicht wesentlich anders drückte es Karl Lamers, der CDU-Außenpolitiker, 1995 in einer Sitzung der Unionsfraktion aus: »Wir müssen führen, aber ohne dass es jemand merkt.«

Auf einer ähnlichen Linie lagen bis 1996 die deutschen Großbanken. Sie machten sich für den Euro stark, weil sie die Chance sahen, in einem großen europäischen Kapitalmarkt noch mächtiger zu werden. Sie dachten in geopolitischen Zusammenhängen. Sie träumten von einem Euro als Gegengewicht zum Dollar. Aus diesem Grund durfte er aber auf keinen Fall eine schwindsüchtige Weichwährung werden.

Wie die Großbanken (und mit ihnen zeitweise die Bundesbank) kalkulierten, lässt sich sehr schön aus einer 1995 erschienenen Publikation der Deutschen Bank mit dem Titel *Eine stabile Währung für Europa* herauslesen: Die geldpolitische »Dominanz« der Bundesbank abzugeben sei aus deutscher Sicht nur dann berechtigt, »wenn die Geldpolitik der

Europäischen Zentralbank mindestens so stabilitätsorientiert wie die der Bundesbank gefahren wird«.

Die Deutsche Bank glaubte damals noch an eine vertragskonforme, kleine und harte Währungsunion – und daran, dass die Konvergenzkriterien ernst genommen würden. Wörtlich: »Da ein Beitritt zur Währungsunion an die Erfüllung strenger Konvergenzkriterien gebunden ist, werden nur stabilitätserprobte Länder mit ähnlichen Wirtschaftsstrukturen teilnehmen.«

So hätte der Euro vielleicht funktionieren können, aber die Strategen in Frankfurt und Bonn hatten sich übernommen. Niemand in Europa – Frankreich schon gar nicht – dachte ernsthaft daran, sich von den Deutschen bevormunden zu lassen.

Waigel pokerte hoch – mit Erfolg, wo es um die Symbolik ging, ohne Erfolg in der Hauptsache. In seiner Parteizeitung *Bayernkurier* ließ er am 8. Februar 1992 das CSU-Präsidium verkünden: »Die DM wird auch nicht in Europa geopfert.«

Wie stellte er sich den Trick vor, sie gleichzeitig verschwinden zu lassen und zu behalten? Wichtig seien nach Auffassung der CSU, so hieß es weiter, auch die Namensgebung und Gestaltung des Geldes. Die D-Mark solle sich bei der Ausgestaltung der europäischen Währung »wiederfinden«.

Leider sahen die Euro-Scheine dann ganz anders aus als die D-Mark-Banknoten, aber Waigel schaffte es – welch ein Sieg! –, den »ECU« zu kippen. Diese Bezeichnung klang ihm offenbar zu französisch.

ECU stand für die bereits existierende Parallelwährung »European Currency Unit«, für ein Buchgeld, das Anfang 1999 sang- und klanglos eins zu eins auf Euro umgestellt wurde. »Ecu« hieß aber auch die älteste französische Goldmünze. Im Dezember 1995 fiel die Entscheidung, den ECU in Euro umzutaufen – ein seltsames Kunstwort, schließlich kam auch niemand auf die Idee, den Dollar »Ami« zu nennen oder die D-Mark »Deutscher«.

Waigels anderer kleiner Triumph bestand darin, das EWI und damit auch die EZB nach Frankfurt zu holen. Die Franzosen schluckten die Kröte. Waigel hatte – so im *Bayernkurier* vom 7. August 1993 – Frankfurt zu einer »conditio sine qua non« erklärt. Zu einem ganz großen Finanzplatz, etwa in Konkurrenz zu London, wurde Frankfurt aber nicht im Geringsten.

Der sogenannte Stabilitätspakt

Mit dem Zugeständnis an die hessische Metropole war die Kompromissbereitschaft der europäischen Partner im Wesentlichen erschöpft. Der nächste Vorstoß Waigels, der vor allem die misstrauische deutsche Öffentlichkeit beeindrucken sollte, scheiterte.

Am 10. November 1995 schlug der Bundesfinanzminister einen »Stabilitätspakt für Europa« vor. Dieser wurde dann auch vom Europäischen Rat im Juni des Jahres 1997 beschlossen, allerdings erst, nachdem man ihm die Zähne gezogen hatte.

Was Waigel wollte, ging über den Maastrichter Vertrag hinaus. Die Mitgliedstaaten sollten sich verpflichten, ihre öffentlichen Defizite nicht auf drei, sondern auf ein Prozent des BIP zu begrenzen. Ein »Sicherheitsabstand« sei notwendig, damit die Obergrenze von drei Prozent auch bei schlechter Konjunktur eingehalten werde. Außerdem, dachte sich Waigel, ließe sich der bereits zu hohe Schuldenberg mehrerer Euro-Länder mit der Ein-Prozent-Vorschrift am besten in Richtung 60 Prozent des BIP dezimieren.

Eine weitere Verschärfung der Maastrichter Regeln sollte darin bestehen, dass bei Defiziten von über drei Prozent BIP »automatische« Geldstrafen fällig würden. Keine schlechte Idee, denn nach geltendem Vertrag würden die Defizitsünder in Brüssel über sich selbst zu Gericht sitzen und somit Gnade walten lassen.

War Waigel wirklich so naiv zu glauben, die anderen würden sich darauf einlassen? Schließlich war der Vertrag ratifiziert, und sie hatten ja das Abkommen mit dem Hintergedanken unterzeichnet, die Konvergenzkriterien später nicht so ernst zu nehmen, wie sich die Deutschen das vorstellten.

Am 10. Januar 1996 lehnte der zuständige Kommissar in Brüssel, ein Franzose, Waigels Vorschläge mit der Begründung ab, sie seien »unvereinbar« mit dem Vertrag von Maastricht. Als völlig wirkungslos entpuppte sich dann auch die Entschließung des Europäischen Rates vom Juni 1997, die Mitgliedstaaten sollten einen »nahezu ausgeglichenen oder einen Überschuss aufweisenden Haushalt« aufstellen.

Hätten Waigel und Kohl auf den Regeln des Vertrages und des nachgeschobenen Stabilitätspaktes bestanden, hätten sie gegenüber ihren Wählern Wort gehalten, dann hätte die Währungsunion 1999 nicht beginnen dürfen.

Selbst das Europäische Währungsinstitut kam noch im November 1996 zu dem Ergebnis, »dass eine Mehrheit der Mitgliedstaaten die notwendigen Voraussetzungen für die Einführung einer einheitlichen Währung nicht erfüllt«.

Als schließlich 1998 – noch vor dem Machtwechsel von Kohl zu Schröder – entschieden wurde, wer am Euro teilnehmen durfte bzw. musste, wurden allein die (schamlos manipulierten) Ist-Werte des Jahres 1997 zugrunde gelegt. Die Politiker hatten ihre frühere Forderung nach einem hohen Grad an »dauerhafter Konvergenz« selbst ad absurdum geführt, wie Jan Viebig in seiner lesenswerten Dissertation über den Maastrichter Vertrag schrieb.

Gemessen an dem, was er bis zum Ende seiner Amtszeit anstrebte und verkündete, war Waigel gescheitert. Der Euro wurde zu einer »kränkelnden Frühgeburt«, wie Gerhard Schröder abschätzig sagte, bevor er ins Kanzleramt einzog.

Oder war alles nur Propaganda? Tatsache ist, dass Waigel selbst sein Defizit schönen wollte und dass ausgerechnet aus seinem Ministerium der Vorschlag kam, die Nettozahlungen an die EU bei der Berechnung des deutschen Haushaltsdefizites einfach abzuziehen.

In einem Vermerk vom 17. März 1997 nannte das die Bayerische Staatskanzlei einen »neuen Höhepunkt der kreativen Buchführung«. Der deutsche Nettobeitrag zur EU sei in Wirklichkeit zu hoch, »er wird aber tatsächlich bezahlt. Solange dies so ist, muss er bei der öffentlichen Neuverschuldung mitgerechnet werden. Für die Folgen eines übermäßigen Defizits auf die Geldpolitik ist es unerheblich, ob dieses übermäßige Defizit ›gerecht‹ oder ›ungerecht‹ ist.«

Dublin: Euro-Franc statt Euro-Mark

Im Grunde war immer klar, dass die Deutschen etwas anderes meinten als die Franzosen, wenn sie vom Maastrichter Vertrag und von der Währungsunion sprachen. Die Schlacht um einen harten, D-Mark-ähnlichen Euro wurde spätestens auf dem europäischen Gipfel in Dublin im Dezember 1996 verloren.

In einer 17-stündigen Marathonsitzung beschuldigte Finanzminister Waigel seinen französischen Kollegen Arthuis in Dublin immer wieder, sich vom Geist des Maastrichter Vertrages zu entfernen. »Ich habe den Theo nie so wütend gesehen«, berichtete ein hoher EU-Diplomat. Ein Bonner Vertreter verglich Chirac, der sich schon vorher mit Kohl in Nürnberg getroffen hatte, mit einem »Aal«.

In der *Financial Times* vom 16. Dezember 1996 war zu lesen, dass Frankreich sich bei den Verhandlungen geweigert habe, seine Karten aufzudecken, und dass es keine Zusagen betreffs Aufgabe französischer Souveränitätsrechte gegeben habe. Arthuis habe es abgelehnt, Waigel nachzugeben, so das

Londoner Blatt. »Am Ende willigten die Deutschen ein, aber nur, weil Kohl schon mehrere Tage vorher entschieden hatte, dass die Risiken der Verschiebung einer Einigung zu hoch seien.«

In Dublin zeichnete sich auch die Möglichkeit ab, dass es Frankreich und den Südeuropäern irgendwann gelingen könnte, eine romanische Achse gegen deutsche Stabilitätsvorstellungen zu bilden und die Politik einer künftigen Europäischen Zentralbank nach ihrem Geschmack zu modellieren.

Auf einer Pressekonferenz unterstrichen der französische und der spanische Wirtschaftsminister, dass der von Waigel durchgesetzte »Stabilitätspakt« keinen Automatismus vorsehe, sondern dass der Rat der Finanzminister im Einzelfall entscheiden werde. Präsident Chirac drohte sogar, die Ernennung des von Deutschland favorisierten Niederländers Wim Duisenberg zum Präsidenten der künftigen Zentralbank zu blockieren. Unabhängig davon bezeichnete Chirac im Fernsehen den Euro als »Mittel, um den Dollar zu bekämpfen«.

Am 14. Dezember präsentierte sich der französische Präsident in Dublin als Sieger: »Was wir nicht akzeptieren wollten, war ein Automatismus, den die Deutschen zu Beginn wünschten. Den gibt es nun nicht.«

Chirac ließ auch keinen Zweifel daran, wie er sich die Unabhängigkeit der Europäischen Zentralbank vorstellte: »Was die politische Macht betrifft, so stellt sich da praktisch kein Problem. Da gibt es keine Meinungsverschiedenheit, auch nicht mit den anderen Europäern. Das heißt, dass in Wirklichkeit der Ministerrat, aber vor allem der Rat der Staats- und Regierungschefs der Länder, die den Euro einführen, gemeinsam in noch unbestimmter Form die Macht gegenüber der Europäischen Zentralbank darstellt.«

Noch deutlicher machte es Premierminister Juppé in einem Zeitungsinterview: »Wir wollen nicht, dass alle Entscheidungen von einem technokratischen, halbautomatischen System unter der alleinigen Autorität der Europäischen Zentralbank getroffen werden.«

William Rees-Mogg, einer der einflussreichsten Publizisten Englands, kam in der Londoner *Times* vom 16. Dezember 1996 zu dem Schluss: »Es ist jetzt mehr als wahrscheinlich, dass Italien und Spanien an der Einheitswährung von Anfang an teilnehmen können. Der Euro wird keine germanische und unabhängige Währung sein, sondern eine lateinische und eine politisierte – weniger ein Ersatz für die Deutsche Mark als ein Ersatz für den Franc. Er wird keine Hartwährung sein, sondern bestenfalls eine halbweiche. Die Deutsche Mark ist das Symbol der deutschen Errungenschaften nach dem Kriege. Sie für eine Euro-Mark einzutauschen wäre ein Opfer, aber ein erträgliches. Sie in einen Euro-Franc zu wechseln ist in der Tat bitter.«

Der Finanzkommentator Anatole Kaletsky hatte das Debakel von Dublin kommen sehen. Bereits am 19. November schrieb er in der *Times*: »Während Deutschland mehr und mehr Kompromisse bei der Währungsunion eingeht, wird es der deutschen Öffentlichkeit wohl nach und nach klar werden, dass Helmut Kohl sie in die Niederlage führt, nicht zum Triumph. Die Deutschen könnten anfangen zu denken, dass der Vertrag von Maastricht in der Geschichte als Deutschlands dritte Kapitulation vor Frankreich in weniger als einem Jahrhundert beurteilt werden wird: als natürlicher Nachfolger der Verträge von Versailles und Potsdam.«

Nüchterner und punktgenau beschrieb die neutrale *Neue Zürcher Zeitung* am 30. Mai 1997 das betrügerische Verwirrspiel, das die politische Klasse den Deutschen zumutete:

»Ein früher Spielzug der Bonner Regierung bestand darin, dem Volk zu versichern, dass die sogenannten Beitrittskriterien eine stabile Einheitswährung garantieren würden, zumal die deutschen Politiker dann ja besonders scharf auf deren Erfüllung achten wollten. Lange Zeit erweckten Politiker und

Funktionäre den Eindruck, als seien die Kriterien mit klar beobachtbaren Zahlenwerten, wie etwa 3,0 Prozent Neuverschuldung, gleichzusetzen. Erst in jüngerer Zeit begann man das Publikum darauf vorzubereiten, dass die Auslegung der Kriterien flexibler erfolgen werde und dass der Entscheid über die Teilnehmer an der Währungsunion schließlich ein politischer sein werde. Der Eindruck der Unredlichkeit verstärkte sich in jüngster Zeit, als die Bonner Koalition zu neuen Tricks griff, um die fixe Idee einer Europäischen Währungsunion 1999 umzusetzen ... Wenn der Finanzminister ›Guten Morgen‹ sagt, wird man sich fragen müssen, was er wohl damit meint.«

KAPITEL 5

Der Euro im Spiel der Mächte

Große Währungen sind immer auch ein Politikum, Ausdruck und Instrument von Macht und Selbstbehauptung.

So wie die D-Mark ein wesentliches Merkmal der ökonomischen Souveränität Deutschlands war, so wie die amerikanische Weltherrschaft ohne die Leitwährung Dollar schwer vorstellbar und nicht finanzierbar wäre, so wird auch der Euro die Europäische Union im Spiel der Mächte stärken oder schwächen.

Die Einheitswährung wurde denn auch von amerikanischer Seite mit mehr Skepsis als Begeisterung begrüßt. Oft zitiert wurde der damalige Notenbankchef Alan Greenspan mit seiner Prognose, der Euro werde kommen, aber keinen Bestand haben. Kaum überraschend war es auch, dass das mit den USA eng verbündete Großbritannien mit London als Weltfinanzzentrum der Währungsunion fernblieb.

In einem langen Beitrag für die *Welt am Sonntag* vom 1. März 1992 analysierte Henry Kissinger die Lage in Europa nach der Wiedervereinigung und definierte amerikanische Großmachtinteressen. Die Europäische Gemeinschaft sei als »Nebenstruktur der Atlantischen Allianz« erdacht worden, verriet er seinen Lesern. Zweimal im Zeitraum von nur einer Generation hätten die Vereinigten Staaten von Amerika Kriege geführt, weil ihre Staatsführer davon überzeugt gewesen seien, dass die Vorherrschaft einer einzelnen feindseligen Macht in Europa die amerikanischen Sicherheits- und Wirtschaftsinteressen bedrohe.

Und dann die Warnung: »Auch wenn es heute scheinbar keine für Amerika feindlichen Mächte in Europa mehr gibt, könnte die Entstehung einer neuen hegemonialen Mächtekonstellation schnell als feindlich angesehen werden.«

Im Einzelnen kam Kissinger auf Deutschland, Frankreich, Russland und die EU als Ganzes zu sprechen.

Frankreich, verlangte der Stratege, müsse aufhören, seine eigene Identität in der Opposition gegen die Vereinigten Staaten zu suchen – das immerhin wurde inzwischen mit der Präsidentschaft von Nicolas Sarkozy erreicht. Schwerer durchsetzbar war Kissingers andere Forderung: »Frankreich darf den Weg zu einer größeren Rolle Amerikas in den politischen Konsultationen Europas nicht blockieren.«

Anschließend orakelte Kissinger über die Gefahr, dass sich Deutschland und Russland als »Hauptverbündete« betrachten könnten, und richtete an die Adresse von London und Paris das Angebot: »Ohne Amerika sind Großbritannien und Frankreich nicht in der Lage, das politische Gleichgewicht in Europa zu gewährleisten.« Divide et impera.

Wäre es Kissinger nur um die Eindämmung Deutschlands gegangen, dann hätte er eine starke EU als gleichberechtigten Partner der USA favorisieren können. Stattdessen beklagte er sich, dass die Europäische Gemeinschaft wirtschaftlich diskriminiere und dass sie bereits alle Symptome einer ausschließlich an den eigenen europäischen Interessen orientierten Wirtschaftspolitik zeige, »auch auf Kosten des transatlantischen Zusammenhaltes«.

Tatsächlich sahen die Franzosen zu Zeiten Mitterrands – neben anderen Motiven – im Euro auch ein Instrument, um der Dollar-Hegemonie Paroli zu bieten. Ich erinnere mich, dass auch bei den deutschen Großbanken in Frankfurt diese Idee kursierte. Heute, zwei Jahrzehnte später, ist die Dominanz des Dollar nicht zuletzt dank der paradoxen Auswirkungen der großen Finanzkrise immer noch ungebrochen.

Was ist eigentlich gemeint, wenn wir von der Dollar-Hegemonie sprechen? Einerseits der Status des Dollar als Leitwährung, auf die der größere Teil der internationalen Devisenreserven entfällt und in der die wichtigsten Rohstoffe – allen
voran Erdöl – fakturiert werden.

Andererseits der seltsame Umstand, dass der mächtigste
Staat der Welt nicht etwa – wie früher Großbritannien – der
größte Gläubiger ist, sondern der größte Schuldner, dass sich
die USA ein nahezu permanentes Leistungsbilanzdefizit leisten können und damit Zugriff auf die Ersparnisse der restlichen Welt haben, dass sie mehr konsumieren als produzieren
und dass damit ein ständiger realer Gütertransfer in die USA
stattfindet.

1997 erwartete Bergsten einen
starken Euro

Vor diesem Hintergrund musste der Euro eine potenzielle
Gefahr darstellen. Seine Chancen waren Thema eines Aufsatzes in der Juli/August-Ausgabe 1997 von *Foreign Affairs*,
dem Organ des in Washington sehr einflussreichen *Council
on Foreign Relations*, der Denkfabrik der amerikanischen Elite.

Autor des Aufsatzes war C. Fred Bergsten, in früheren
Jahren zuständig für internationale Wirtschaftsangelegenhei-
ten im Nationalen Sicherheitsrat und für internationale Beziehungen in der *U. S. Treasury*, dem Finanzministerium.

Unter dem Titel »The Dollar and the Euro« verglich
Bergsten zunächst den amerikanischen und den europäischen
Anteil an der Weltproduktion sowie am Welthandel und kam
zu dem Ergebnis, dass die EU vor den USA rangiert. Der
amerikanische Anteil an den Weltfinanzmärkten allerdings
übertreffe mit schätzungsweise 40 bis 60 Prozent bei Weitem
das Gewicht der Europäischen Union.

Gegen den Dollar wiederum spreche, dass die US-Leistungsbilanz seit 15 Jahren im Defizit sei, dass die Netto-Auslandsschulden bei über 1000 Milliarden Dollar lägen und jährlich um 15 bis 20 Prozent zunähmen. Hingegen sei die internationale Vermögensposition der Europäischen Union ziemlich ausgeglichen, und die Leistungsbilanz weise sogar kleine Überschüsse auf.

Das galt im Wesentlichen sowohl für die EU als auch für die Eurozone ab 1999, und daran hat sich bis heute wenig geändert. Nach diesen wichtigen Kriterien zu urteilen, so Bergsten, sei die EU den USA »entschieden überlegen«. Er hob hervor, dass auf Deutschland neun Prozent der Weltproduktion und zwölf Prozent des Welthandels entfielen.

Was Bergsten damals nicht in Rechnung stellte, waren der phänomenale Aufstieg Chinas, aber auch Indiens und Brasiliens, sowie die Verlagerung des globalen Wirtschaftswachstums und der Rohstoffnachfrage in die Schwellenländer. Richtig aber war die Beobachtung, dass Deutschland das ökonomische Schwergewicht des Euroraumes bilden würde.

Der Autor gelangte zu dem Schluss: »Der Euro wird wahrscheinlich von Anfang an stark sein.« Dies auch deswegen, weil die EZB alles daran setzen werde, ihre Glaubwürdigkeit so bald wie möglich zu etablieren, weil sie eine Aufwertung des Euro als frühes Zeichen ihres Erfolges betrachten werde und weil sie die erste Zentralbank der Geschichte sei, »der keine Regierung über die Schulter schaut«.

Letzteres war richtig, denn eine europäische Regierung, die der EZB hätte diktieren können, gab und gibt es nicht. Ansonsten behielt Bergsten – abgesehen von zwei temporären Schwächeanfällen des Euro – bis zum offenen Ausbruch der Finanzkrise 2008 recht, wenn auch aus anderen Gründen, als er sich das vorstellte.

Auch die europäische und deutsche Öffentlichkeit misst Erfolg und Misserfolg des Euro bis heute vorzugsweise an

seinem Wechselkurs zum Dollar und damit an einem fragwürdigen Maßstab.

Euro und Dollar sind relative Größen

Warum das so ist? Weil ungedeckte Papierwährungen nur
relative Größen sind, weil ihre Kursbewegungen als solche
wenig über ihre Qualität aussagen, weil der berühmte »Nagel
in der Wand« fehlt, wie es Wolfram Engels einst formulierte.

Denkbar ist, dass Euro und Dollar innerhalb weniger Jahre
die Hälfte ihrer Kaufkraft verlieren und doch unter dem Strich
stabil bleiben, wenn man nur auf die Wechselkurse schaut.
Von Auf- oder Abwertungen zu sprechen ergab mehr Sinn,
als alle großen Währungen an eine unverrückbare Größe, an
Gold nämlich, gebunden waren.

Wenn der Dollar abwertete, wie zum Beispiel unter Roose-
velt, dann wurde der offizielle Goldpreis heraufgesetzt – damals auf 35 Dollar je Unze. Und wenn die D-Mark aufwerte-
te, wie in den 1960er-Jahren, dann wurde sie nicht nur gegenüber dem Dollar wertvoller, sondern auch gegenüber Gold.

Objektiv gesehen haben Dollar und Euro (und mit ihnen
alle anderen Währungen) seit der Jahrtausendwende kräftig
abgewertet. Innerhalb von zehn Jahren verteuerten sich die
Unze Gold von weniger als 250 auf 850 Euro und der Goldpreis in Dollar von gut 250 auf 1100. Beide Währungen konnten ihre Aufgabe als Tauschmittel erfüllen, versagten aber als
Mittel zur Wertaufbewahrung.

Mit Gold war man als europäischer Investor auch deswegen besser bedient, weil der Euro im Gegensatz zu dem, was
sich Bergsten vorgestellt hatte, gleich zu Beginn in eine böse
Vertrauenskrise geriet. Die Euphorie des Januars 1999 währte
ein paar Monate, dann rutschte der Euro unerbittlich ab – von
1,22 auf 0,82 Dollar im Jahr 2000.

Sehr überraschend war das nicht, denn es handelte sich um ein historisch beispielloses Währungsexperiment, um ein ungedecktes und staatenloses Geld. Ob es von Dauer sein würde, konnte man vielleicht erst nach Jahren oder Jahrzehnten seriös beurteilen.

Falsch war freilich die Befürchtung, das Experiment könne schon nach kurzer Zeit scheitern. Wer so dachte, unterschätzte den Beharrungswillen der politischen Klasse in der EU. Ohnehin neigen Politiker nicht dazu, einen Kurs, der sich als falsch erwiesen hat, nur deswegen zu ändern. Sie beantworten selbst geschaffene Probleme damit, dass sie sie mit der Erzeugung neuer zu kurieren versuchen. Wenn sie sehen, dass sie sich selbst eine Grube schaufeln, graben sie erst einmal tiefer. Der Aktionismus dient als Bestätigung ihrer Existenzberechtigung.

In meinen Publikationen habe ich oft die Meinung vertreten, man müsse dem Euro zehn Jahre Zeit geben. 2009 war die Frist abgelaufen.

Währungszyklen seit den 1950er-Jahren

Zurück zur Situation in den Jahren 2000 und 2001. Wie in solchen Fällen üblich, sorgten der vermeintliche Fehlstart der europäischen Währung und der unbarmherzige Verkaufsdruck an den Devisenmärkten für zunehmend pessimistische Kommentare. Typisch dafür war der Aufsatz eines Pariser Professors in der *Neuen Zürcher Zeitung* vom 7. November 2000 mit dem Titel »Ungebrochene Dominanz des Dollars – Warum der Euro noch keine attraktive Alternative ist«.

Dabei wurde übersehen, dass sich Finanzmärkte nie linear bewegen, sondern zyklisch, dass sich bessere und schlechtere Perioden abwechseln. Es ist zwar methodisch nicht ganz sauber, den Euro-Kurs bis in D-Mark-Zeiten zurückzurechnen, weil es sich um zwei verschiedene Währungen handelt, aber es ist insofern aufschlussreich, als es demonstriert, dass sich der Dollar bereits seit den 1950er-Jahren in einem säkularen Abwärtstrend befand und dass der Euro zunächst nichts anderes tat, als in die Rolle eines DM-Ersatzes zu schlüpfen.

Beginnend mit dem Tief bei 0,4639 Dollar am 4. Februar 1956 stieg der (hypothetische) Euro in einer Welle I bis zum 3. Januar 1980 auf einen Spitzenwert bei 1,1463. Anschließend führte Welle II zurück auf 0,5638 am 26. Februar 1985 – das zweite zyklische Tief der D-Mark bzw. des Euro lag schon deutlich über dem Stand der 1950er-Jahre.

Darauf folgte Welle III mit einer neuerlichen Hausse der D-Mark bis auf 1,4360 Dollar (umgerechnet in Euro) am 19. April 1995.

In der zweiten Hälfte der 1990er-Jahre war die US-Währung, auch unterstützt durch den Aufschwung in den USA und die Euphorie um die New Economy, wieder gefragt. Als der Euro im Januar 1999 erstmals gehandelt wurde, knüpfte er eigentlich nur an den bereits fallenden D-Mark-Trend an, bis schließlich Welle IV am 25. Oktober 2000 bei 0,8272 Dollar zu Ende ging.

Damals, um die Jahrhundertwende, touchierte der Euro seinen Sweet Spot – nicht, weil er eine besonders attraktive Währung gewesen wäre, sondern weil nach fünf Jahren Dollar-Hausse (ähnlich wie nach der Periode 1980 bis 1985) Welle V mit einem schwachen Dollar fällig war.

Der Euro trat in eine Hausse ein, wie das selbstverständlich auch die D-Mark getan hätte. Sie endete bei 1,5931, Basis EZB-Referenzkurs, am 22. April 2008. Da war die große Finanzkrise bereits ausgebrochen, und die Karten wurden neu gemischt.

In den Jahren 2000, 2001 und auch noch 2002 sprach fast alles gegen die Leitwährung Dollar:

Erstens hatte sich der seit 1994/1995 bestehende Zinsvorsprung am amerikanischen Geldmarkt in sein Gegenteil verkehrt – die US-Notenbank hatte die Zinsen deutlich unter die europäischen Sätze abgesenkt.

Zweitens hatte sich die amerikanische Leistungsbilanz, die noch zu Beginn der 1990er-Jahre für kurze Zeit ausgeglichen war, drastisch verschlechtert.

Im Jahr 2000 machte das Leistungsbilanzdefizit rund vier Prozent des Bruttoinlandsproduktes aus, das Handelsbilanzdefizit sogar noch mehr. Die USA benötigten jährlich über 400 Milliarden Dollar, um ihr Außendefizit zu finanzieren. Negativ war auch der Handelsbilanzsaldo gegenüber der Eurozone. Die amerikanischen Produkte waren wegen des überhöhten Dollar-Kurses auf den Weltmärkten weniger konkurrenzfähig.

Und drittens hatten die Kapitalzuflüsse aus Europa und Japan in die USA um die Jahrhundertwende das Ausmaß einer Blase erreicht. Sie überstiegen bei Weitem die Leistungsbilanzdefizite mit den beiden Regionen. Noch Mitte der 1990er-Jahre hatte die Eurozone 200 Milliarden Dollar in Richtung der Vereinigten Staaten von Amerika transferiert, 2001 waren es 1000 Milliarden in der Spitze. Da brachen die Kapitaltransfers unvermittelt und scharf ein.

Welle IV des langfristigen Zyklus war ausgereizt, die USA galten nicht mehr als sonderlich attraktiv, das ruhelose internationale Kapital floss im nun anbrechenden neuen Jahrzehnt in die Schwellenländer, in die Rohstoffmärkte, zum kleinen Teil auch in die Edelmetalle. Der US-Dollar war nicht mehr in Mode – und davon profitierte eben auch die Novität Euro.

2005 kam es zur ersten Euro-Krise

Erst 2005 sah es so aus, als könne der Trend doch wieder kippen. Der Euro rutschte von 1,36 auf 1,16 Dollar zum Jahresende. Und prompt wendete sich die Stimmung in Deutschland wieder gegen das noch ungewohnte und immer noch unbeliebte Geld.

»Der Euro macht uns kaputt«, titelte das Hamburger Magazin *Stern* in der Ausgabe 23/2005. »Jetzt zeigt sich«, hieß es im Vorspann, »die gemeinsame Währung schadet Deutschland und spaltet Europa. Der Euro bescherte uns hohe Preise und vernichtet Jobs. Die Mehrheit der Deutschen will die D-Mark zurück.«

Derselbe Beitrag hätte – mit kleinen Änderungen – auch 2010 erscheinen können.

In einer vertraulichen Expertenrunde, berichtete der *Stern*, hätten Finanzminister Hans Eichel und Bundesbankpräsident Axel Weber über das bisher Undenkbare gesprochen: über ein Auseinanderbrechen der Währungsunion. Im Bundestag kursierte damals ein Rechtsgutachten über die »Beendigung der Wirtschafts- und Währungsunion«. In München verkündete Professor Hans-Werner Sinn, der Präsident des ifo-Instituts: »Der Euro hat Deutschland des Vorteils der niedrigen Zinsen beraubt.«

56 Prozent der Deutschen, so ermittelte das Institut Forsa in einer Umfrage im Mai 2005, wollten die D-Mark wiederhaben. Und 90 Prozent meinten, die Einführung des Euro sei zu »dauerhaften Preissteigerungen« genutzt worden. Der *Stern* schloss sich der Mehrheitsmeinung an und druckte die frohe Botschaft: »Eine Rückkehr zur Mark wäre technisch gar nicht so schwierig.«

Selbst die *Frankfurter Allgemeine Sonntagszeitung* schrieb am 5. Juni 2005: »Jetzt ist vom Ausstieg aus der Währungsunion die Rede. Juristisch ist das zwar nicht vorgesehen.

Politisch ist es aber machbar.« Das war 2005, nicht 2010! Und schon damals stand Griechenland am Pranger. Das Land sei mit »geschönten Zahlen« dem Euroraum beigetreten, monierte das Frankfurter Blatt.

Die dunklen Wolken, die sich 2005 über der Währungsunion zusammenbrauten, zogen bald wieder ab. Aber im Rückblick war 2005 das Jahr, in dem die Weichen endgültig falsch gestellt wurden, in dem der Grundsatz einer mäßigen, kontrollierten Staatsverschuldung zusammen mit den Maastrichter Kriterien geopfert wurde.

2005 hatte auch Deutschland, der frühere Musterschüler, die einst hochgelobten Stabilitätskriterien längst verletzt und missachtet. Und zwar mit einer Schuldenstandsquote, die nicht mehr unter 60 Prozent, sondern bei 66 Prozent lag, und mit einer jährlichen Defizitquote, die 2004 zum dritten Mal in Folge die Obergrenze von drei Prozent überschritten hatte.

Das Ende des Stabilitätspaktes lässt sich genau datieren: auf den 20. März 2005. An diesem Tag einigte sich der Ecofin-Rat, in dem die Wirtschafts- und Finanzminister sitzen, auf eine Vorlage zur »Verbesserung der Umsetzung des Stabilitäts- und Wachstumspaktes«. Das klang fast zynisch.

Die Vorlage wurde vom Europäischen Rat, das heißt von den Staats- und Regierungschefs, auf der Frühjahrssitzung vom 22./23. März gebilligt.

Ab sofort konnte ein Überschreiten des Drei-Prozent-Referenzwertes unter anderem durch folgende Ereignisse und Begründungen gerechtfertigt werden: durch Naturkatastrophen (dagegen war nichts einzuwenden); durch negative Wachstumsraten (gemeint war ein Schrumpfen der Wirtschaft); durch die herrschende Konjunkturlage (ein wie Gummi dehnbarer Begriff); durch Ausgaben für Forschung, Entwicklung und Innovation (als ob das nicht zu den normalen und besonders wichtigen Staatsausgaben gehörte); durch öffentliche Investitionen (dito); durch Belastungen aus Finanzbeiträgen zugunsten der internationalen Solidarität (ein wunderbarer Euphemismus, womit gemeint war, dass Deutschland weiterhin mit geliehenem Geld den Zahlmeister spielen durfte); durch Belastungen aus der Verwirklichung der Ziele der europäischen Politik, insbesondere dem europäischen Einigungsprozess (gedacht war da wohl auch an die Kosten der Osterweiterung der EU); und, kaum zu glauben, durch »Rentenreformen«.

Letzteres war der größte Brocken und ein Blankoscheck für ausufernde Defizite in den kommenden Jahrzehnten. Denn nichts bedroht die Zahlungsfähigkeit der Staaten künftig mehr als die sich anbahnende Rentenkatastrophe.

Und doch musste der Finanzanalytiker und Investor begreifen, dass unheilvolle Prozesse Zeit brauchen, um sich zu entfalten, dass sie nicht geradlinig verlaufen, dass einzelne Streckenabschnitte wie das psychologische Tief 2005 nicht überinterpretiert werden dürfen.

Die anfängliche Schwäche des Euro im Jahr 1999 an den Devisenmärkten war noch kein Beweis eines kompletten Fehlschlags der Einheitswährung. Die anschließende Aufwertung basierte mehr auf der zunehmenden Skepsis gegenüber dem Dollar als auf den Tugenden der Währungsunion. Schließlich leisteten sich auch die USA hohe Haushaltsdefizite und – anders als die Eurozone – eine klar defizitäre Leistungsbilanz. Erst das Ende des amerikanischen Immobilienbooms, das 2007 erkennbar war, sowie der Ausbruch der großen Finanzkrise brachten die inneren Spannungen und die Fehlkonstruktion der Europäischen Währungsunion ans Licht.

Wie die Finanzkrise den USA zugutekam

Als die Europäer den Euro einführten, hatten sie gehofft, unabhängig vom amerikanischen Finanzsystem zu werden und immun gegenüber den immer wieder von New York ausgehenden Katastrophen – ein fataler Mechanismus, der zuletzt 1929 die gesamte industrialisierte Welt in den Abgrund gerissen und letzten Endes den Weg in den Zweiten Weltkrieg geebnet hatte.

Die Vorstellung, der Euroraum biete mehr Schutz als die frühere D-Mark-Zone, erwies sich als Illusion. Die Finanzkrise, die im Juli 2007 eröffnet wurde und im Verlauf des Jahres 2008 dramatisch eskalierte, schien zunächst vor allem auf Kosten der USA zu gehen. Aber zugleich demonstrierte sie auf unheimliche Weise die taktische und strategische Überlegenheit der amerikanischen Hochfinanz.

Es sei Teil der amerikanischen Strategie, sagte der Stuttgarter Vermögensverwalter Dr. Markus Stahl auf einem G&M-Seminar am 20. März 2010 in Bad Kissingen, ab und zu den einen oder anderen Währungsraum in die Krise zu stürzen. 1982 und 1994 Mexiko, 1997 den pazifischen Rand im Zuge der Asienkrise, 1998 Russland – und zuletzt die Eurozone. »Die Lateinamerikaner wissen das schon lange«, sagte Stahl, »die Europäer müssen es erst noch lernen.«

Es war eine Meisterleistung der US-Finanzbranche, zuerst den amerikanischen Immobilienmarkt aufzublasen, dann die Kredite zu verbriefen und einen Großteil davon nach Europa zu verschieben sowie es schließlich zu bewerkstelligen, dass der Dollar und das amerikanische Bankensystem besser dastanden als der Euro und der europäische Finanzsektor.

So wurden die nichts ahnenden deutschen Sparer, die privaten Geldinstitute und vor allem die Landesbanken mit Wissen und mit Billigung ihrer eigenen Regierung dazu gebracht, ihr Geld in ein betrügerisches Pyramidensystem zu stecken. Ohne die Schuldner am Ende der Verbriefungskette zu kennen, finanzierten sie einen Immobilienboom, den sich die amerikanische Mittel- und Unterschicht mangels Eigenkapital überhaupt nicht leisten konnte.

Die Krise wurde aber auch zur Bereinigung der amerikanischen Bankenlandschaft genutzt. Die Investmentbank *Bear Stearns* wurde am 16. März 2008 fallen gelassen und ging für ganze 2,2 Milliarden an *JP Morgan Chase*. *Lehman Brothers*, im 19. Jahrhundert gegründet von einem Heinrich Lehmann aus Rimpar bei Würzburg, war ebenfalls zu schlecht vernetzt und wurde am 15. September 2008 geopfert. *Merrill Lynch* fiel an die *Bank of America*. Nachdem sich die Reihen der Konkurrenten gewaltig gelichtet hatten, stand *Goldman Sachs* umso stärker da.

Goldman Sachs, die mächtigste und intelligenteste Investmentbank der Welt, hatte am Boom ebenso verdient wie am Zusammenbruch, war 2008 glimpflich davongekommen und konnte für 2009 schon wieder einen Profit von 13,4 Milliarden ausweisen.

»Im Februar«, schrieb die *New York Times* am 7. April 2010 über *Goldman Sachs*, »trugen die Taktiken der Bank und anderer Wall-Street-Firmen zur Finanzkrise bei, die Griechenland erschütterte und den Euro unterminierte.« *Goldman Sachs* und andere Banken hätten verschiedenen europäischen Regierungen dabei geholfen, ihre Schuldenberge zu verstecken.

Schon 2008 erschien es widersinnig, dass die große Finanzkrise zwar ein amerikanisches Produkt war, dass in den USA Finanzkonzerne zusammenbrachen, die bis dahin als solide gegolten hatten, dass *Fannie Mae* und *Freddie Mac*, in deren Büchern 5,3 Billionen Dollar an Hypothekenkrediten standen, verstaatlicht werden mussten, dass ebenfalls im September 2008 der Versicherungsgigant AIG nur mit einem Notenbankkredit in Höhe von 85 Milliarden über Wasser gehalten werden konnte – und dass dessen ungeachtet im Verlauf des Dramas der Dollar teurer wurde und der Euro billiger.

Im Jahr 2008 sackte die europäische Währung von 1,5990 am 15. Juli bis auf 1,2460 Dollar am 27. Oktober ab. Sie erholte sich 2009 bis auf 1,5120 Dollar am 3. Dezember und kam 2010 wieder unter massiven Verkaufsdruck.

Es war eine auf den ersten Blick paradoxe Entwicklung, die sich damit erklärte, dass die europäischen Banken den Amerikanern in die Falle gelaufen waren. Sie hatten in den Jahren bis 2008 Forderungen im Ausmaß von 5000 Milliarden Dollar aufgebaut. Sie hatten Dollar-Kredite an Privatkunden und Unternehmen vergeben. Und sie hatten im großen Stil in hoch komplizierte strukturelle Produkte auf Basis der US-Hypotheken investiert.

Die Banken in Europa hatten – eine typische Fristeninkongruenz – langfristig ausgeliehen und sich kurzfristig verschuldet. Als sie sich refinanzieren mussten und feststellten, dass die benötigten Dollars schwer zu bekommen waren, gerieten sie in Bedrängnis. Sie mussten bei den Notenbanken des Eurosystems Dollars nachfragen, und die EZB besorgte sich diese mithilfe von Tauschgeschäften, sogenannten Devisenswaps, bei der *Federal Reserve* in New York.

Markus Stahl beschrieb den Transmissionsmechanismus folgendermaßen: Nachdem die Euro-Banken und ihre außerbilanziellen Zweckgesellschaften in die dubiosen US-Papiere investiert hatten und diese 2008 im Wert drastisch verfielen sowie – schlimmer noch – nicht mehr verkäuflich waren, mussten diese Papiere immer noch über kurzfristige Dollar-Kredite refinanziert werden. Die Dollar-Kredite blieben zu 100 Prozent existent, der Gegenwert in Form der US-Papiere aber nur noch zu 50 Prozent oder weniger.

Dadurch entstand faktisch eine europäische Dollar-Short-Position und gleichzeitig eine ausgeprägte Dollar-Knappheit – und damit hatte, so Stahl, das US-Finanzsystem den europäischen Bankensektor »am Haken«.

Die Zeitungen schrieben, der Dollar sei stark, weil er in der Finanzkrise als »sicherer Hafen« gelte. Ein kompletter Unsinn! Niemand kaufte den Dollar, weil er ihn haben wollte.

Die Banken in Europa fragten ihn nach, weil sie ihren Verpflichtungen nachkommen mussten, weil sie sich verspekuliert und im Dollar verschuldet hatten.

Da die deutschen und europäischen Banken in der Finanzkrise die benötigten Dollars nur noch von der EZB oder von
den nationalen Notenbanken bekommen konnten und da diese sich die Dollar-Liquidität bei der *Federal Reserve* in New
York besorgen mussten, lag die Kontrolle über den Dollar-
Fluss praktisch vollständig in der Hand der Amerikaner.

Nicht nur das: Würde zum Beispiel eine deutsche Bank,
die mithilfe der Bundesbank liquide geblieben ist, untergehen,
dann müsste die Bundesbank ihre Verpflichtungen aus den
Devisenswaps gegenüber der *Federal Reserve* immer noch zu
100 Prozent erfüllen. Denn produziert werden kann der Dollar nur in den USA. Auf diese Weise fügte sich die US-indu-
zierte Finanzkrise perfekt in die globalstrategische Zielset-
zung der USA, den Dollar als Leitwährung zu erhalten, ein.
Die frühere Befürchtung, der Euro könne den Dollar entthro-
nen, erwies sich in der Krise als haltlos.

Die erste große Währungsschlacht seit der Gründung des
Euro hatten die Europäer verloren. Wie lange das Regime des
Dollar-Standards verteidigt werden kann und wann er einer
multipolaren Währungsordnung weichen muss, ist dennoch
nicht entschieden.

Die Macht des *Federal Reserve System*

Im Prinzip kann die Geldpolitik einer regierungsunabhän-
gigen Notenbank wie der EZB seriöser und weniger inflatio-
när sein als die der *Federal Reserve*. Die EZB ist vertraglich
der Preisstabilität verpflichtet, während die *Fed* im Accord
mit Großbanken und der US-Regierung operiert. Das ist ihre
Stärke und Schwäche zugleich.

Verständlich also, dass sich um das amerikanische Geld-
monopol wilde Verschwörungstheorien ranken, wenn Milliarden von US-Steuergeldern an die Finanzgiganten der Wall
Street verschoben werden, wenn das amerikanische Gemein-
wohl so offensichtlich hinter den Interessen der Finanzbranche zurücktreten muss.

Eine dieser Verschwörungstheorien besagt, dass die *Federal
Reserve* gar keine staatliche Notenbank sei, sondern sich in
privatem Besitz befinde, und dass ihre Gründung auf ein
Geheimtreffen zurückgehe, zu dem sich die mächtigsten Ban-
kiers des Landes im November 1910 auf Jekyll Island, einer
Insel vor der Küste Georgias, zusammengefunden hätten.

Beide Behauptungen treffen zu. Es muss aber hinzugefügt
werden, dass die Konstruktion des *Federal Reserve System*,
kurz »*Fed*«, bei genauem Hinsehen etwas komplizierter ist.

Das System besteht vielmehr aus zwölf regionalen *Federal-
Reserve*-Banken, die weder den Bundesländern noch der Zen-
tralregierung gehören. Ihr Kapital wird von den amerikanischen Geschäftsbanken gehalten. Allerdings dürfen die Anteile nicht veräußert werden, und die Dividenden, die den
Eigentümern zufließen, sind kaum der Rede wert. Hingegen
ist die Bundesbank eine bundesunmittelbare juristische Per-
son des öffentlichen Rechts, und ihr Grundkapital gehört
dem Bund.

Und doch ist das *Federal Reserve System* ein Zwitter, denn
der staatliche Einfluss ist ungleich größer, als dies bei einer
typischen Aktiengesellschaft der Fall wäre. Die sieben Gou-
verneure des Systems einschließlich des Vorsitzenden (derzeit
Ben Bernanke) werden vom amerikanischen Präsidenten ernannt und vom Senat bestätigt; insofern handelt es sich beim
»Kopf« des Systems, eben dem Gouverneursrat, um eine Ein-
richtung der Regierung. Außerdem beruht die Existenz der
Fed auf einem Gesetz, das der Kongress am 23. Dezember
1913 beschlossen hat und das er – rein theoretisch – jederzeit

ändern oder aufheben könnte. Letzteres wäre freilich eine Frage der Machtverhältnisse. Ohne Zweifel vertritt der Gouverneursrat als Spitzengremium des Systems auch oder vornehmlich die Interessen der New Yorker Großbanken – das hat sich im Verlauf der Finanzkrise überdeutlich gezeigt.

Kein Zufall ist es auch, dass die Großbank *JP Morgan* schon 1910 auf Jekyll Island dabei war, dass sie die jüngste Finanzkrise unbeschadet überstand, dass sie immer noch Aktionärin der *Federal Reserve Bank of New York* ist und dass diese die Rolle des Primus inter Pares unter den Regionalbanken des Systems spielt.

Die gelegentlichen manipulativen Eingriffe in den Devisen- und Goldmarkt, die manchmal erforderliche Stützung des Aktienmarktes, der Kauf und Verkauf von Staatsanleihen, aber auch die Aufbewahrung ausländischer Goldreserven einschließlich der deutschen – all das obliegt der New Yorker *Federal-Reserve*-Bank. Mehr als jedes andere Institut im Lande exekutiert sie den sogenannten Dollar-Imperialismus.

Würde morgen der amerikanische Staat den Privatbanken ihre Anteile an den *Fed*-Banken abkaufen, dann würde sich vermutlich kaum etwas ändern. Die USA würden dann immer noch von derselben Oligarchie regiert.

Mitglied des inneren Zirkels ist nicht zuletzt das Haus *Goldman Sachs*, dessen Einfluss bis in die Vorstandsetagen deutscher DAX-Konzerne und bis in das Bundeskanzleramt in Berlin reicht. *Goldman Sachs* aber war weder auf Jekyll Island anwesend, noch zählt das Institut meines Wissens zum Kreis der *Fed*-Aktionäre.

Die enge Verflechtung staatlicher, wirtschaftlicher und finanzieller Interessen ist ja gerade ein Kennzeichen des Dollar-Imperialismus. Zusammen mit der militärischen Überlegenheit (in dieser Hinsicht ist die EU ein Nonvaleur) untermauert sie die Durchsetzungskraft und die strategische Ausrichtung der amerikanischen Weltmacht.

In den leitenden Positionen von Regierung, *Federal Reserve* und *Goldman Sachs*, aber auch anderen Finanzkonzernen, tauchen immer wieder dieselben Personen auf. Sie sind praktisch austauschbar – eine Konstellation, die in Deutschland fast unvorstellbar ist. Auch Mario Draghi, der Gouverneur der italienischen Notenbank, war früher bei *Goldman Sachs*. Er wird als Anwärter auf die Nachfolge von Jean-Claude Trichet an der Spitze der EZB gehandelt.

Einerseits könnte sich das aus amerikanischer Sicht als sehr praktisch herausstellen, andererseits könnte ein Kenner der Gegenseite der EZB von Nutzen sein. Ob die Bundesregierung ihren Kandidaten, Professor Axel Weber, durchsetzen kann, bleibt abzuwarten.

Ein anderes Beispiel für die Interessenverflechtung im Zentrum des Weltfinanzsystems ist der phänomenale Aufstieg von *BlackRock* zur größten Investmentgesellschaft der Welt. *BlackRock* zählt wie *JP Morgan* und *Goldman Sachs* zu den Profiteuren der Finanzkrise, wurde erst 1988 in einem Ein-Zimmer-Büro von Laurence Fink gegründet und konnte sich 2009 *Barclays Global Investors*, eine Tochter der gleichnamigen britischen Bank, einverleiben.

Dieselbe Firma *BlackRock* besorgt mit der einen Hand für die Regierung die Preisfindung und den Verkauf jener notleidenden Papiere, die die Finanzkrise ausgelöst haben – und reicht dieselben Papiere mit der anderen Hand an ihre bevorzugten Kunden weiter. Ein »Inside-Job«, so nennt Eliot Spitzer, der frühere Generalstaatsanwalt von New York, die Methoden der *Federal Reserve* und ihres Umkreises.

Was die Wechselkurse bewegt

Übrigens fällt die amerikanische Wechselkurspolitik nicht in die Zuständigkeit der *Federal Reserve*, sondern in die des

Finanzministeriums. Es kommt aber vor, dass sich beide äußern, wenn sie einen stärkeren oder schwächeren Dollar wünschen. Derartige verbale Interventionen werden vom Devisenmarkt immer beachtet und in der Regel respektiert. Aus Sicht der Amerikaner darf der Dollar, wenn er zurückgeht, nicht so tief fallen, dass das Ausland die Lust verliert, amerikanische Schuldpapiere zu kaufen. Und er darf, wenn er stark ist, nicht so weit steigen, dass er die ohnehin schlechte Konkurrenzfähigkeit der US-Exportindustrie beschädigt.

Das ändert allerdings nichts daran, dass der Außenwert einer Währung auf lange Sicht von fundamentalen Faktoren bestimmt wird. Die spekulativen heißen Gelder, die einmal in den Euro, ein andermal in den Dollar fließen, besitzen nur eine temporäre Wirkung. Den langfristigen Trend können die Spekulanten nicht diktieren.

Im Folgenden möchte ich kurz auf die Theorie der Wechselkursbestimmung eingehen, um dem Leser objektive Kriterien an die Hand zu geben, mit denen sich das Währungspaar Euro/Dollar auch in den kommenden Jahren besser beurteilen lässt.

Die Volkswirte der Banken schauen gern auf die Kaufkraftparität. Das Theorem besagt, dass auf freien Märkten die Preise homogener Güter gleich sein sollten. Wenn diese zum Beispiel in den USA erheblich teurer sind als in der EU, dann ist – nach dieser Theorie – der Dollar überbewertet und abwertungsverdächtig.

Im täglichen Geschäft ist der Blick auf die Kaufkraftparität nicht sonderlich hilfreich. Frei schwankende, ungedeckte Währungen sind fast nie fair bewertet. Sie bewegen sich oft in Zeiträumen von Jahren zwischen extremer Über- und Unterbewertung.

Für den Investor liefern die Extreme dennoch nützliche Anhaltspunkte. In den Jahren 1985 und 2000 war die D-Mark bzw. der Euro gemessen an der Kaufkraftparität so stark unterbewertet, dass die anschließende Hausse keine große Überraschung war.

Mitte der 1990er-Jahre und 2008 waren umgekehrt der Dollar unterbewertet und der Euro zu teuer, was zur Konsequenz hatte, dass der Trend am Devisenmarkt drehte. Im Frühjahr 2010 lagen die Kurve der Kaufkraftparität in der Nähe von 1,20 und damit der Devisenkurs in einem neutralen Bereich mit fairer Bewertung.

Das Modell der Kaufkraftparität erklärt, warum der Dollar seit den 1950er-Jahren zwar nicht Jahr für Jahr, aber im Trend gegen die D-Mark fallen musste. Die Inflationsrate war in der Regel höher als in Deutschland, und das beeinflusste selbstverständlich die Kurve der Kaufkraftparität.

Wenn das so bleibt, wenn auch künftig die Preise in den USA schneller als in Europa steigen, dann spricht zumindest dies für den Euro und gegen den Dollar.

Normalerweise liegen nicht nur die Inflationsraten, sondern auch die Zinsen der schwächeren Währung über denen der stärkeren und entschädigen damit den Investor für das Abwertungsrisiko. Dass die Hartwährung Schweizer Franken minimale Zinsen bietet, ist völlig in Ordnung. Dass sich Gold für private Bankkunden nicht verzinst, ebenso. Nicht die nominalen, sondern die realen Zinsen (bei denen die Inflationsrate abgezogen wird) sind es, die eine Währung attraktiv machen können. So waren zum Beispiel Dollar-Anleihen Anfang der 1980er-Jahre mit ihren beispiellos hohen Realzinsen eine exzellente langfristige Anlage. Davon kann derzeit keine Rede sein. Das Niveau der Realzinsen seit dem Ausbruch der Finanzkrise ist sowohl in den USA als auch in der Eurozone uninteressant.

Oft wird behauptet, es bestehe eine Korrelation zwischen Wirtschaftswachstum und Währungsstärke, und der Dollar sei vorzuziehen, wenn die amerikanische Wirtschaft schneller wächst als die europäische. Das mag zeitweise stimmen, ist aber kein verlässlicher Indikator. In der Vergangenheit war der Dollar in Perioden starken Wachstums manchmal fest und manchmal schwach.

Genau beobachten sollten Sie die Entwicklung der Leistungsbilanz. Sie ist Teil der größeren Zahlungsbilanz, und diese ist logischerweise immer ausgeglichen.

Die Leistungsbilanz umfasst den Handel, die Dienstleistungen, die Erwerbs- und Vermögenseinkommen sowie die laufenden Übertragungen. Letztere bestehen aus Transfers, denen keine direkte Gegenleistung gegenübersteht. Dazu gehören die Entwicklungshilfe, die Überweisungen von Gastarbeitern ins Ausland, Überweisungen an internationale Organisationen und – im Falle Deutschlands – auch die Nettozahlungen an die EU. So flossen im Jahr 2009 per saldo knapp 33 Milliarden Euro aus Deutschland in das Ausland, davon laut Bundesbank über 15 Milliarden an die Europäischen Gemeinschaften. Man spricht in diesem Zusammenhang vom Zahlmeister Deutschland.

Abgesehen von der Entwicklung der Kaufkraftparität favorisiert auch der Vergleich der Leistungsbilanzen langfristig den Euro – solange sich an den bisherigen Verhältnissen nichts Wesentliches ändert. Im Frühjahr 2010 war die US-Leistungsbilanz auf Basis der vorherigen zwölf Monate mit 419 Milliarden Dollar im Minus. Das entsprach 3,2 Prozent des geschätzten Bruttoinlandsproduktes von 2010. Die Leistungsbilanz der Eurozone war mit einem Defizit von 67,6 Milliarden Dollar bzw. mit 0,2 Prozent des BIP nahezu ausgeglichen.

Dahinter verbargen sich – wie bei allen Statistiken der Eurozone – krasse nationale Unterschiede. Griechenland war mit 8,2 Prozent BIP im Defizit, Spanien mit 3,8 Prozent und Frankreich immerhin mit 2,1 Prozent. Ohne den deutschen und niederländischen Überschuss in Höhe von jeweils 5,3 Prozent des BIP hätte die Euro-Zahlungsbilanz nicht gut ausgesehen.

Dass eine Dollar-Abwertung dem amerikanischen Export hilft und die Handelsbilanz verbessert, leuchtet sofort ein. Umgekehrt wird ein steigender Dollar (oder Euro) die Leistungsbilanz verschlechtern. Der sogenannte J-Kurven-Effekt sorgt dafür, dass sich die Anpassung der Außenbilanz an den Devisenkurs normalerweise um zwei Jahre verzögert.

Letzten Endes läuft es darauf hinaus, dass der innere und äußere Wert einer Währung davon abhängt, in welchen Mengen sie produziert und auf den Markt gebracht wird. Dazu trägt die Leistungsbilanz ihren Teil bei. Seit dem dritten Quartal 2006, als auf Jahresbasis ein negativer Rekord von 928 Milliarden Dollar erreicht wurde, hat sich das amerikanische Außendefizit, auch wegen der Rezession, deutlich verringert. Aber immer noch stellen Dollars den größten amerikanischen Export dar.

Dass die EZB im Vergleich zur *Federal Reserve* eine besonders konservative Geldpolitik betrieben hätte, lässt sich allerdings nicht belegen. Im Zeitraum von 1999 bis 2009 stieg die Geldmenge M1 im Euroraum um 93 Prozent stärker als das BIP, in den USA um fünf Prozent weniger.

Im selben Zeitraum weitete die EZB ihre Bilanzsumme stärker aus als die *Federal Reserve* – nur mit dem Unterschied, dass die EZB früher damit anfing und dass die *Fed*-Bilanz erst 2008 dramatisch aufgeblasen wurde.

Im Frühjahr 2010 gab es deutliche Hinweise darauf, dass sich das amerikanische Bankensystem nach der akuten Phase der Finanzkrise in einer besseren Verfassung befand als das europäische. Die US-Banken hatten in einer Radikalkur fast 900 Milliarden Dollar abgeschrieben, die Banken des Euroraums nur 280 Milliarden. Und die Bilanzsumme der Euro-Banken überstieg bei Weitem die der US-Institute – ein schlechtes Omen für den Euro, sobald auf das Finanzsystem neue Erschütterungen zukommen.

Die amerikanische Finanzbranche hat die Krise erst angezettelt und exportiert, hat dann schneller sowie entschlossener abgeschrieben und saniert als die europäische Konkurrenz und ist seitdem offenbar besser gerüstet für neue Katastrophen.

Dies allerdings mit der Einschränkung, dass die amerikanischen Wirtschaftsstatistiken wenig zuverlässig sind und teilweise frisiert werden. Das gilt besonders für die Inflationsraten, die zu niedrig ausgewiesen werden – und damit stimmen auch die Daten über das reale Wirtschaftswachstum nicht.

Auch in den USA ist es üblich, dass die Banken ihre Kredit- und Spekulationsgeschäfte jeweils zu Quartalsende herunterfahren, damit die Bilanzen zum Stichtag besser aussehen. Wirklich durchschaubar ist das seit dem Ende der Goldbindung grotesk aufgeblasene Finanzsystem eben nicht. Damit müssen sich die Analytiker abfinden.

Warum auch der Dollar kein sicherer Hafen ist

Die Frage, ob der Anleger auf Sicht von fünf oder zehn Jahren mit dem Euro oder dem Dollar besser fährt, lässt sich nicht seriös beantworten. Sie zu stellen grenzt fast an Naivität. Über Ungewissheiten lassen sich keine sicheren Prognosen abgeben. Ob das eine oder andere Glas halb voll oder halb leer ist, darüber lässt sich endlos streiten. Im Zweifelsfall sollte der europäische Investor – soweit er das kann – nach Alternativen zu beiden Währungen suchen. In jedem Fall liegt die Beweislast bei der Fremdwährung, solange jemand sein Geld im Euroraum verdient und ausgibt.

Weil der Euro gravierende Konstruktionsfehler aufweist, muss der Dollar nicht die bessere Währung sein. Der britische Historiker Nial Ferguson machte sich über die Phrase vom Dollar als »sicherer Hafen« lustig. Genauso gut könne man sagen, Pearl Harbor sei 1941 ein sicherer Hafen gewesen …

Nach dem Stand von Ende 2009 war die finanzielle Lage der USA, ohne Aussicht auf Besserung, äußerst prekär. Von den gesamten Staatsschulden in der engsten Abgrenzung und in Höhe von 7545 Milliarden Dollar wurden 49 Prozent, nämlich 3689 Milliarden, vom Ausland gehalten. Die größten Gläubiger waren China mit 895 Milliarden, Japan mit 766 Milliarden und die OPEC-Staaten mit 207 Milliarden. Noch im Jahr 2000 hielt China lediglich 60 Milliarden an amerikanischen Staatsanleihen.

In der obigen Gesamtsumme sind die Schuldtitel nicht enthalten, die von staatlichen Institutionen in den USA selbst übernommen wurden. 800 Milliarden sind bei der *Federal Reserve* geparkt – teils als Sicherheiten, die die Geschäftsbanken hinterlegt haben, teils als Resultat von Direktkäufen, das heißt einer Monetarisierung der Staatsschuld. Zusätzlich befinden sich über 4000 Milliarden in den Büchern von Pensionsfonds und anderen staatlichen Einrichtungen. Uncle Sam verschuldet sich bei sich selbst – eine haarsträubende Methode.

Wegen des doppelten Defizits aus Leistungsbilanz und Staatshaushalt waren die Vereinigten Staaten von Amerika Ende 2009 mit mindestens 3500 Milliarden gegenüber dem Ausland verschuldet. Damit waren die USA stärker als jemals zuvor abhängig von ihren internationalen Gläubigern, aber auch diese befanden sich in einer wenig komfortablen Lage. Sie können keine Kanonenboote schicken, um ihr Geld einzutreiben.

»Das Schicksal des Landes liegt bereits in großem Maß in den Händen seiner ausländischen Kreditgeber, angefangen mit China, aber auch von Japan, Russland und einer Reihe von Öl exportierenden Ländern«, schrieb Fred Bergsten in der Ausgabe November/Dezember 2009 von *Foreign Affairs*.

Sofern sich daran nichts ändert, wenn die Amerikaner nicht ernsthaft zu sparen beginnen und weniger importieren, wenn sie ihren Haushalt nicht in Ordnung bringen – worauf nichts hindeutet –, sind die Aussichten furchterregend.

Das *Peterson Institute for International Economics*, so berichtete dessen Direktor Bergsten in *Foreign Affairs*, hat ausgerechnet, dass das jährliche Leistungsbilanzdefizit bis zum Jahr 2030 auf über 5000 Milliarden zunehmen könnte. Dann würden die amerikanischen Auslandsschulden netto mehr als 50 000 Milliarden bzw. 140 Prozent des Bruttoinlandsproduktes ausmachen. Das wäre mehr als das Dreifache des als noch tragbar angesehenen Anteils von 40 Prozent.

Auch das interne Defizit, gemessen am staatlichen Haushaltssaldo, übersteigt bei Weitem das der Kernländer der Eurozone. Mit 1,4 Billionen im Haushaltsjahr 2009/2010 wurde der frühere Rekord um das Dreifache übertroffen. Bergsten befürchtet, dass der jährliche Fehlbetrag bis 2020 oder sogar noch länger in der Nähe von 1000 Milliarden verharren wird.

Wer unter diesen Verhältnissen langfristig auf den Dollar setzt, hat etwas übersehen und seine Hausaufgaben nicht gemacht. Noch wagen es die Ratingagenturen nicht, die Bonität der USA herabzustufen. Noch genießt das Land mit AAA den bestmöglichen Schuldnerstatus. Völlig korrekt teilte die Agentur *Moody's* ihren Kunden im März 2010 mit, dass die Bonität der USA und Großbritanniens stärker gefährdet sei als die Deutschlands oder Frankreichs.

Ist das Szenario des *Peterson Institute* plausibel? Ist die amerikanische Auslandsschuld bis 2030 wirklich steigerungsfähig bis auf 50 000 Milliarden Dollar? Vermutlich nicht. Vorher wird etwas passieren. Auch der amerikanische Staatsbankrott ist nicht länger undenkbar.

KAPITEL 6

Die Falle

Spätestens am Dienstag, den 27. April 2010, hätte den Freunden des Euro die Erleuchtung kommen müssen, dass sie in einer selbst gebauten Falle festsaßen. An diesem Tag stufte die amerikanische Ratingagentur *Standard & Poor's* die Bonität, das heißt die Kreditwürdigkeit Griechenlands um gleich drei Stufen herab, nämlich auf BB+. Damit galten griechische Staatsanleihen nur noch als Ramsch, als nicht mehr investmentwürdig. Die Käufer verlangten eine Rendite von beinahe 20 Prozent bei einer Laufzeit von zwei Jahren – eine Prämie also, die das Risiko des Staatsbankrotts widerspiegelte.

Wer in der Falle steckt, kann weder vor noch zurück. Was immer er tut, schadet. Attraktive Optionen stehen ihm nicht mehr zur Verfügung. Er wird zum Gefangenen früherer Fehlentscheidungen – in diesem Fall der Fehlentscheidung, mit dem Euro zusammenzufügen, was nicht zusammenpasste.

Griechenland hätte aus der Eurozone ausscheiden, zur Drachme zurückkehren und sich insolvent erklären können. Aber dann hätten die Banken vor allem in Deutschland und Frankreich schon wieder Steuergelder benötigt, dann hätten auch Portugal und Spanien gewackelt. Sicherlich konnte die Regierung in Berlin auf den Buchstaben der Verträge bestehen und die Notkredite an Athen verweigern – dann hätte sie die Währungsunion in eine Existenzkrise gestürzt. Sie zog den Schrecken ohne Ende dem Ende mit Schrecken vor.

Die bequemste Lesart der Katastrophe bestand darin, den Griechen die Schuld an allem zu geben. Sie hätten sich den

Eintritt in die Währungsunion mithilfe falscher Zahlen und manipulierter Schuldenquoten erschlichen und auch danach mehr Schulden gemacht, als sie offiziell zugaben, schrieben die Zeitungen.

Dass das alles stimmt, war seit Jahren leicht vorhersehbar. Wie es um Griechenland stand, war keine Geheimsache, sondern offen zugängliches Wissen. Für den Währungskommissar in Brüssel ebenso wie für den Finanzminister in Berlin oder für die Europäische Zentralbank in Frankfurt.

Nehmen wir als Quelle nur den monatlichen *World Economic Outlook* des Internationalen Währungsfonds. Diesem zufolge betrug die durchschnittliche Inflationsrate im Zeitraum 1992 bis 2001 in Deutschland 2,1 Prozent, in Griechenland aber 7,6 Prozent. Von 2002 bis 2009 lagen die deutschen Inflationsraten meist unter zwei Prozent und nur in den vergangenen beiden Jahren zwischen zwei und drei Prozent. In Griechenland schwankte die Teuerung permanent zwischen drei und 4,2 Prozent, nur 2009 sank sie auf 1,4 Prozent.

Damit verlor Griechenland sowohl vor als auch nach dem Eintritt in die Währungsunion Jahr für Jahr an Konkurrenzfähigkeit. Hier bauten sich Spannungen auf, die sich früher oder später in einer verheerenden Krise entladen mussten.

Ebenso hätte den zuständigen Politikern auffallen müssen, dass sich Athen ein Leistungsbilanzdefizit leistete, das in dieser Höhe nicht Bestand haben konnte. Auch diese Daten lagen auf dem Tisch.

2002 noch war die griechische Außenbilanz mit happigen 6,5 Prozent des Bruttoinlandsproduktes im Minus, 2008 schon mit 14,6 Prozent! Griechenland lebte über seine Verhältnisse. Nur schaute niemand hin, auch deswegen, weil die griechischen (und spanischen sowie portugiesischen) Leistungsbilanzdefizite in der Zahlungsbilanz der Eurozone versteckt waren und durch die andauernden deutschen Überschüsse geräuschlos finanziert wurden.

Die Ökonomen warnten laut und deutlich

Die Katastrophe war unvermeidlich und vorhersehbar für jeden, der ein Minimum an ökonomischem Verstand mitbrachte. In seinem 1993 erschienenen Buch *Die Euro-Katastrophe* hat Roland Baader eine Reihe von Zitaten aus den Jahren 1991 und 1992 aufgelistet, aus einer Zeit also, als der Euro zwar schon beschlossene Sache, aber längst noch nicht eingeführt war. Nie wurde vor einer europapolitischen Weichenstellung von so vielen Fachleuten so deutlich gewarnt. Es war alles in den Wind gesprochen:

Hans D. Barbier, Ressortleiter Wirtschaft bei der *Frankfurter Allgemeinen Zeitung*: »Die Chiffre ›Maastricht‹ steht eher für das Ende der Wirtschaftspolitik von Ludwig Erhard und Karl Schiller.«

Stefan Baron, Chefredakteur der *Wirtschaftswoche*: »Der Vertrag von Maastricht droht Deutschland schwerere Lasten aufzubürden als die uns im Versailler Vertrag nach dem Ersten Weltkrieg verordneten Reparationszahlungen. Nur: Versailles war ein Diktat, Maastricht hat die deutsche Regierung freiwillig abgeschlossen.«

Peter Gauweiler, bayerischer Staatsminister: »Das Esperantogeld ist eine Schnapsidee.«

Professor Herbert Giersch, bis 1989 Präsident des Instituts für Weltwirtschaft: »In einer offenen Gesellschaft, in der die Anleger Alternativen haben, ist ein Wechsel von einer guten zu einer eher fragwürdigen Währung ein Wagnis ohne Beispiel.«

Wilhelm Hankel, Professor für Währungspolitik: »Eine einheitliche Währungspolitik oder gar Währung für ganz Westeuropa: das wäre der eingebaute Sozialkonflikt, um nicht zu sagen der monetäre Bürgerkrieg in der EG, die sicherste Methode, sie zu sprengen, statt sie zur Politischen Union zu verdichten.«

Lothar Müller, Präsident der Bayerischen Landeszentralbank: »Eine einheitliche Währung verführt dazu, die wirtschaftlichen Probleme mithilfe anderer lösen zu wollen, um die Lebensverhältnisse anzugleichen. Sparen ist eben eine feine Sache, wenn es andere übernehmen.«

Wilhelm Nölling, Professor für Wirtschaftswissenschaften und bis 1992 Mitglied des Zentralbankrates der Deutschen Bundesbank: »Wenn man bedenkt, dass sich in einer Währung, zumal einer so erfolgreichen wie der deutschen, viel natürliche nationale Substanz, also ein besonders wertvolles Aktivum, angesammelt hat, ist der Vorgang von Maastricht besonders bei Anlegung demokratischer Kriterien schwer zu begreifen.«

Professor Gerard Radnitzky, Wissenschaftstheoretiker und Philosoph: »Deutschland als erster Zahlmeister der EG wird, wenn der Maastricht-Vertrag Wirklichkeit wird, rasch seinen Wohlstand verlieren sowie auch viele der kleinen Freiheiten des Alltags, die dem Bürger noch verblieben sind.«

Professor Karl Schiller, Bundeswirtschaftsminister von 1966 bis 1972: »Der Druck auf die Europäische Zentralbank in Richtung auf eine weiche Geldpolitik wird sicher kommen … Alles das, woran Ludwig Erhard und seine Nachfolger in seinem Geiste gearbeitet haben, das wäre dann reif für die Wirtschaftsgeschichte.«

Die Torheit der Regierenden

An dieser Stelle möchte ich mich etwas ausführlicher mit den Motiven und der Ideologie befassen, die dem Euro zugrunde lagen, und mit einer begrifflichen Einordnung beginnen, die wir der amerikanischen Historikerin und Pulitzer-Preisträgerin Barbara Tuchman verdanken: »Die Torheit der Regierenden«.

So lautet auch der Titel ihres 1984 erschienenen Buches, in dem sie vier Beispiele großer Torheiten aus der Geschichte herausgreift: Wie die Trojaner das hölzerne Pferd in die Stadt zogen, wie die Renaissance-Päpste den Abfall der Protestanten provozierten, wie die britische Krone Amerika verlor und wie sich die USA in Vietnam selbst verrieten.

Es gebe, so schreibt Tuchman, vier Arten von »Missregierung«, die häufig auch in Kombination auftreten: Tyrannei oder Zwangsherrschaft, Selbstüberhebung (Beispiele sind Deutschland und Japan im Zweiten Weltkrieg), Unfähigkeit oder Dekadenz (wie im späten Rom) und dann als vierte Variante der Missregierung Torheit und Starrsinn.

Tuchman sieht in der »Torheit der Regierenden« eine bestimmte Spielart der Missregierung und definiert sie als »politisches Handeln, das dem Eigeninteresse des jeweiligen Staates und seiner Bürger zuwiderläuft«.

Sodann engt sie den Begriff der Torheit weiter ein und will ihn nur dann verwenden, wenn drei Kriterien erfüllt sind: Erstens muss die Torheit zu ihrer Zeit und nicht erst im Nachhinein als kontraproduktiv erkannt worden sein; zweitens soll eine Politik nur dann als töricht bezeichnet werden, wenn es zu ihrer Zeit praktikable Handlungsalternativen gab; und drittens darf die politische Torheit nicht nur von Einzelnen begangen worden sein, weil dies in der Geschichte zu häufig auftritt, sondern es muss eine Gruppe, eine herrschende Schicht, dahintergestanden haben.

Alle Kriterien treffen auf den Maastrichter Vertrag von 1991 und auf die Euro-Einführung 1999 zu. Erstens wurde die Torheit schon damals als kontraproduktiv erkannt, siehe die oben aufgeführten Zitate. Zweitens gab es genügend Handlungsalternativen. Und drittens war der Euro nicht die Idee eines Diktators, sondern die der politischen Klasse in Paris, Brüssel und Bonn.

Die Motive und Zielsetzungen waren dabei nicht identisch. Am ehesten noch stimmten der Hang der französischen Eliten und des EU-Establishments zum Dirigismus und Konstruktivismus überein – daher auch der Versuch, die Euro-Krise zu nutzen, um eine europäische Wirtschaftsregierung einzurichten und die europaweite Zentralisierung voranzubringen.

Das deutsche »Ja« zum Euro wiederum erklärt sich aus der spezifisch bundesrepublikanischen Staatsideologie und damit auch aus dem Dogma der europäischen Integration. Die Währungsunion ist ja nur ein Teilprojekt der Ideologie des Europäismus, sie lag vollkommen in der Logik des sogenannten europäischen Prozesses.

Nicht zufällig wird gleich zu Beginn des Lissabon-Vertrages in Art. 3 festgelegt: »Die Union errichtet eine Wirtschafts- und Währungsunion, deren Währung der Euro ist.«

Ohne den Euro wäre die EU, die sich gerne und unzutreffend mit Europa gleichsetzt, ein anderes Gebilde. Den Euro aufzugeben kommt aus Sicht der Eliten einem historischen Rückschlag gleich – ein solcher ist nach der kryptomarxistischen Doktrin eines deterministischen Geschichtsverlaufes in Europa nicht vorgesehen und nicht akzeptabel.

Die EU-Ideologen sehen sich als Vollstrecker der »Verwirklichung einer immer engeren Union«, und genau darauf ist auch der Europäische Gerichtshof, der in diesem Zusammenhang eine Schlüsselrolle spielt, vertraglich verpflichtet.

Das Machtgefüge der Europäischen Union

Wie die Europäische Union regiert wird und wie sie Macht ausübt, habe ich in einer früheren Buchveröffentlichung (*Tatort Brüssel*) behandelt. Nachdem sich durch den Vertrag von Lissabon einiges geändert hat, möchte ich den Mechanismus noch einmal kurz erklären.

Für die Exekutive sind drei EU-Organe zuständig: der Europäische Rat, in dem die Regierungschefs bzw. die Staatspräsidenten sitzen; der nicht damit zu verwechselnde »Rat«, der chamäleonhaft in verschiedenen Besetzungen als Rat der Außenminister, der Landwirtschaftsminister, der Finanzminister usw. zusammentritt; und die Kommission, die mit der Zeit immer größer wurde. Auch nach der Osterweiterung stellt jeder Mitgliedstaat einen Kommissar.

Das Pikante an der Aufgabenverteilung liegt darin, dass nur die Kommission (nicht etwa das Parlament!) Gesetzesvorlagen auf den Weg bringen kann und dass der »Rat« in seiner jeweiligen Zusammensetzung die Gesetze verabschiedet (und dabei das Europäische Parlament nur beteiligt). Damit haben sich die 27 EU-Regierungen, die die Kommissare selbst aussuchen, die fantastische Möglichkeit geschaffen, in Brüssel Legislative zu spielen – ein klarer Verstoß gegen die Gewaltenteilung, der in den Hauptstädten verfassungswidrig und nicht vorstellbar wäre.

Nach der klassischen Gewaltenteilung, die in der EU ohnehin schon durch die Vermengung von Exekutive und Legislative ausgehebelt wird, wäre die Rolle der Justiz umso wichtiger. Dafür gibt es den Europäischen Gerichtshof in Luxemburg, der freilich mit Personen besetzt ist, die der Zentralgewalt in Brüssel nicht in die Quere kommen.

Der EuGH entscheidet so gut wie immer im Interesse der »Unifizierung«, wie der tschechische Präsident Václav Klaus das nennt. Und er setzt sich dabei bedenkenlos auch über geltende Verträge hinweg. Er unterminiert die Rechtssicherheit in der EU. Insofern war die Vertragsverletzung durch Griechenland kein Sonderfall, sondern eine auch andernorts geübte Praxis.

Den EuGH demaskieren könnte nur jemand, der sich mit seiner Arbeitsweise ebenso auskennt wie mit dem Dschungel des Europarechtes. Eben das unternahm Professor Roman

Herzog, der frühere Bundespräsident, zusammen mit Dr. Lüder Gerken in einem ganzseitigen Beitrag für die *Frankfurter Allgemeine Zeitung* vom 8. September 2008.

Fast noch interessanter als der Skandal, den Herzog aufdeckte, war die Reaktion der Öffentlichkeit und der politischen Klasse in Deutschland: Herzog wurde totgeschwiegen. Die Regierenden sind nicht gewillt, in eine Diskussion über den real existierenden Europäismus einzutreten.

Am Beispiel von EuGH-Urteilen zu den Antidiskriminierungsgesetzen, zur Arbeitsmarktpolitik, zum Tabakwerbeverbot und zum Asylrecht konnte Roman Herzog Punkt für Punkt nachweisen, dass sich das höchste europäische Gericht ungeniert in die Kernkompetenzen der Mitgliedstaaten einmischt, die nationalen Zuständigkeiten aushöhlt und sich nicht nur über den eindeutigen Wortlaut von Abkommen hinwegsetzt, sondern sie auch noch ins Gegenteil verdreht. Rechtsprechung nach Art eines Unrechtssystems.

Professor Herzog geißelte die »Arroganz« der Europa-Richter und gelangte zu diesem interessanten Fazit: »Die beschriebenen Fälle zeigen, dass der EuGH zentrale Grundsätze der abendländischen richterlichen Rechtsauslegung bewusst und systematisch ignoriert, Entscheidungen unsauber begründet, den Willen des Gesetzgebers übergeht oder gar in sein Gegenteil verkehrt und Rechtsgrundsätze erfindet, die er dann bei späteren Entscheidungen wieder zugrunde legen kann. Sie zeigen, dass der EuGH die Kompetenzen der Mitgliedstaaten selbst im Kernbereich nationaler Zuständigkeiten aushöhlt.«

Konsequenzen aus dem institutionalisierten Rechtsbruch wurden bisher keine gezogen, das Bundesverfassungsgericht in Karlsruhe wagte es bislang nicht, den Kollegen in Luxemburg die Rote Karte zu zeigen, und ohne Echo blieb auch Herzogs Forderung, einen vom EuGH unabhängigen Gerichtshof für Kompetenzfragen zu gründen. Wenn der EuGH schon nicht Brüssel kontrolliert, warum sollte er sich dann selbst kontrollieren lassen?

Die Umerziehung der Europäer

Bezeichnend war, dass bei zwei der von Herzog angeführten Beispiele das EU-Diskriminierungsverbot ins Spiel kam. Der 2009 in Kraft getretene Lissabon-Vertrag war bekanntlich zunächst als EU-Verfassung gedacht. In den Artikeln 2 und 3 kann man immer noch in die seltsamen Wertvorstellungen der EU-Eliten Einblick nehmen.

Anders als im Grundgesetz ist von Gott nirgendwo die Rede. Stattdessen wird eine kulturrevolutionäre Ersatzreligion konstruiert und an undefinierten Worthülsen wie Pluralismus, Nichtdiskriminierung, Toleranz und Solidarität aufgehängt.

Die EU verpflichtet sich in Art. 3 zur »Beseitigung der Armut« nicht nur in Europa, sondern weltweit (wie soll das gehen?), und sie »bekämpft soziale Ausgrenzung und Diskriminierungen«. Ausdrücklich zählt sie zu ihren Werten die »Gleichheit von Frauen und Männern«, nicht etwa nur die Gleichberechtigung.

Zusätzlich zum »Vertrag über die Europäische Union« (EUV) existiert ein »Vertrag über die Arbeitsweise der EU« (AEUV). In diesem sind der Gleichheitswahn und der Wille zur Umerziehung der Europäer zu volks- und geschlechtsneutralen Menschen noch schöner zu besichtigen. Laut Art. 8 wirkt die Union »bei allen ihren Tätigkeiten« darauf hin, Ungleichheiten zu »beseitigen« – als ob diese nicht den Charme Europas und die Würze des Lebens ausmachten. In gleich zwei Artikeln (10 und 19) sollen »Diskriminierungen« (immer wieder dieses Schlüsselwort!) aus Gründen der »sexuellen Ausrichtung« bekämpft werden. Die EU beseitigt die Trennung von Recht und Moral, sie bricht mit dem kulturellen Erbe Europas, sie geht den Weg in einen neuen Totalitarismus.

Hinter dem Vertrag von Lissabon, einer Art von Europa-Verfassung, kann man eine geheime Agenda vermuten, oder – das wäre die harmlosere Lesart – man sieht ihn als bloße Absurdität.

Den Lissabon-Vertrag, so vermutete Hans Magnus Enzensberger anlässlich einer Preisverleihung in Kopenhagen am 2. Februar 2010, dürfte außer den Experten, die ihn ausgearbeitet haben, kein europäischer Bürger je studiert haben. »Das hat einen ganz einfachen Grund«, fuhr Enzensberger fort, »er gleicht nämlich einem Drahtverhau. Ich vermute, dass dies ganz im Sinne seiner Urheber ist.«

Das allgemeine Desinteresse ist bedauerlich, denn Intransparenz ist ein bewährtes Herrschaftsmittel. Wir sollten schon wissen, nach welchen Rechtsgrundlagen wir regiert werden. Immerhin wurde in Brüssel längst auch ein europäischer Haftbefehl durchgesetzt, der die Auslieferung eines Bürgers an einen Fremdstaat zum Beispiel wegen missliebiger Meinungsäußerungen auch dann ermöglicht, wenn das Vergehen in seinem eigenen Land überhaupt nicht strafbar ist.

Lesenswert ist auch Art. 66 des AEUV, wonach der »Rat«, das heißt der zuständige Ministerrat, auf Vorschlag der Kommission und nach »Anhörung« der EZB »Schutzmaßnahmen« gegen »Kapitalbewegungen« nach oder aus dritten Ländern verhängen kann. Damit wird es möglich, im Falle einer schweren Währungskrise die Freiheit des Kapitalverkehrs, zum Beispiel auch Überweisungen in die Schweiz, zu unterbinden. Dann werden die Bürger und Anleger zu Gefangenen der EU-Zone. Derartige Schutzmaßnahmen können für die Dauer von höchstens sechs Monaten verhängt werden, ein schwacher Trost. Sie müssten dann eben für weitere sechs Monate verlängert werden.

Diese EU ist nicht das Europa, das wir wollten. Dass es

dazu keine Alternativen gäbe, ist eine Lüge und fast schon ein Denkverbot.

»Dass 40 000 Beamte samt ihren Propagandisten darüber entscheiden sollen, wer ein guter Europäer ist und wer nicht, ist eine ziemlich abstruse Vorstellung«, sagte Enzensberger in seiner Kopenhagener Rede.

Da die 40 000 keine Straßen bauen, keine Schulen unterhalten, weder für die äußere noch für die innere Sicherheit sorgen und nichts produzieren, müssen sie anderweitig beschäftigt werden. Sie verteilen Geld und emittieren eine nie da gewesene Flut von Beschlüssen, Verordnungen und Direktiven, die sich inzwischen auf mindestens 150 000 Seiten stapeln. »Auf keinen Fall rechnen sie damit«, sagte Enzensberger, »dass wir selbst wissen, was für uns gut ist; dazu sind wir in ihren Augen viel zu hilflos und unmündig. Deshalb müssen wir gründlich betreut und umerzogen werden.«

Weil alles unter dem Primat der Gleichheit steht, wird harmonisiert, zentralisiert und umverteilt. Dass die Freiheit, in Europa zwischen verschiedenen Währungen wählen zu können, nicht ins Konzept passte, leuchtet ein. Ad personam ist den Kommissaren und Funktionären in Brüssel nichts vorzuwerfen. Was sie tun, wird von der politischen Klasse in den Hauptstädten gewollt und geduldet.

Alternativen zum Euro und zur EU

Alternativen zum Euro und zur EU gab es immer, sie gibt es heute noch. Vielleicht kann man auf die eine oder andere zurückgreifen. 1989, als der Euro schon ausgebrütet wurde, unterbreitete der britische Schatzkanzler Nigel Lawson den Vorschlag, die damalige Europawährung ECU neben den nationalen Währungen in allen Ländern der Gemeinschaft als gesetzliches Zahlungsmittel zuzulassen. So wäre ein echter

Währungswettbewerb entstanden mit freiem Kapitalverkehr und flexiblen Wechselkursen. Das griechische Fiasko wäre uns erspart geblieben, Athen hätte abwerten können. Helmut Schlesinger, damals Vizepräsident der Deutschen Bundesbank, fand das auf der Zentralbankratssitzung im August 1989 eine gute Idee. Das ist sie immer noch.

Im Jahr 1990 rückten die pragmatischen Briten, die sich einem europäischen Zwangsgeld nicht unterwerfen wollten, mit einem weiteren Plan heraus. In seiner Funktion als Schatzkanzler und dann als Premierminister schlug John Major einen »harten ECU« vor, den ein neu zu gründender Europäischer Währungsfonds in Umlauf bringen sollte, indem er nationale Währungen aufkaufte. Damit wäre die Geldmenge nicht aufgebläht worden, es hätte sich nur ihre Zusammensetzung geändert.

Der Clou dabei: Der neue harte ECU durfte nie abgewertet werden. Wechselkursanpassungen sollten sich so vollziehen, dass die nationalen Währungen, die das nötig hatten, zur Abwertung schritten. So hätte der ECU mit der Zeit die D-Mark als Stabilitätsanker ersetzen können. Denn auch die D-Mark durfte nicht zum ECU aufwerten. Und das System war flexibel genug, um notfalls Abwertungen der Schwachwährungen zu ermöglichen.

Roland Baader berichtet in seinem Buch, dass die britischen Pläne nicht etwa an der Bundesbank scheiterten, sondern am Widerstand der Politiker in Brüssel, Paris und Bonn. Sie wünschten keine wie auch immer geartete Hartwährung, weil sie freie Hand zum Inflationieren und Schuldenmachen haben wollten. Selbstverständlich hätte die deutsche Bundesregierung die Londoner Vorschläge übernehmen und damit die D-Mark retten können. Es gab sehr wohl Alternativen zum Euro.

Ich komme hiermit zurück auf Barbara Tuchmans Beobachtung, dass Staaten manchmal gegen ihre eigenen Interessen handeln – und auf ihre Definition der Torheit der Regierenden.

Warum hat das deutsche Parteienkartell die D-Mark und damit einen wesentlichen Bestandteil der Selbstbestimmung und Souveränität preisgegeben? Weshalb finden sich die Bundestagsabgeordneten damit ab, dass die Mehrheit der Gesetze nicht mehr in Berlin, sondern in Brüssel gemacht wird? Warum hat Deutschland, besonders seit der Wiedervereinigung, die Rolle des Big Spender übernommen? Warum wurden Milliarden für den Kohäsionsfonds und ähnliche Subventionen aufgebracht und an dieselben Länder überwiesen, die doch angeblich die Konvergenz und damit die Euro-Reife bewiesen hatten?

Weshalb mutiert die EU mit der Rettung Griechenlands zur Schuldengemeinschaft und zur Transferunion II, nachdem schon längst eine Transferunion I bestanden hatte? Wieso akzeptiert die deutsche Industrie die enormen Kosten des EU-Bürokratismus, der im Frühjahr 2010 einen neuen Gipfel des Irrsinns erreichte, als in Brüssel allen Ernstes erwogen wurde, die bewährten deutschen Industrienormen nach DIN abzuschaffen?

Wie surreal das alles ist, demonstrierte das Zweite Deutsche Fernsehen am 1. April 2010 mit der Meldung, die Kommission habe die maximale Anzahl der Dornen und Blätter von Rosen vorgeschrieben. Zu sehen waren kenianische Rosenexporteure, die den überzähligen Dornen mit der Schere zu Leibe rückten. Der Witz dabei war, dass eine derartige EU-Verordnung – obwohl diesmal ein Aprilscherz – überhaupt nicht unvorstellbar war.

Sobald sie mit den Kosten konfrontiert wird, die der Steuerzahler hierzulande zu tragen hat, verweist die politische Klasse unweigerlich auf die Exportchancen, die angeblich der EU und dem Euro zu verdanken sind. Ein schwaches Argument.

Erstens sind die deutschen Exporterfolge ein Ergebnis fairen Wettbewerbs der Unternehmen und der Leistungsfähigkeit der deutschen Industrie – niemand wird gehindert, dem nachzueifern.

Zweitens ist die Behauptung absurd, für den Binnenmarkt, von dem alle profitieren, müsse noch extra gezahlt werden.

Drittens kommen die deutschen Exportüberschüsse der gesamten Eurozone zugute, weil ohne sie die Leistungsbilanz der Zone tief in den roten Zahlen stecken würde – mit den vorhersehbaren Folgen für den Außenwert des Euro.

Viertens besteht ein deutsches Opfer bereits darin, dass sich die positive Handelsbilanz nicht mehr in steigenden Devisenreserven der Bundesbank niederschlägt, wodurch ein Großteil der Bundesbankgewinne fehlt, die früher an den Bundeshaushalt ausgeschüttet werden konnten.

Und fünftens war die deutsche Exportwirtschaft schon lange vor dem Euro Weltspitze. Sogar schon vor 1914, ganz ohne EU.

Die derzeitige Konstruktion der Europäischen Union mit dem Euro, mit der Umverteilung und der unablässig expandierenden Bürokratie wird von offizieller Seite immer als selbstverständlich, alternativlos und wohlstandsfördernd hingestellt. Das ist sie mitnichten.

In einem Interview mit der *Frankfurter Allgemeinen Zeitung* vom 28. April 2010 brachte es Václav Klaus, der wohl intelligenteste EU-Staatschef, auf den Punkt: »Man muss scharf zwischen zwei Begriffen unterscheiden«, sagte er. »Auf der einen Seite geht es um Integration. Auf der anderen Seite geht es um Unifizierung, da spricht man von politischer Integration. Ich bin für die Marktintegration, für die ökonomische Integration, also für Liberalisierung, Öffnung und Beseitigung aller Barrieren. Solche Integration stärkt die Freiheit in Europa. Aber die politische Integration, die ich Unifizierung nenne, ist eben ganz anders, vor ihr habe ich Angst. Das sage ich schon lange. Angst, wirklich Angst. Denn was ist bedroht in Europa, heute und besonders nach dem Lissabon-Vertrag? Die Freiheit und die Prosperität.«

Eine gemeinsame Währung in einem so großen Teil Europas und mit Ländern, die nicht homogen sind, nannte Klaus eine »falsche Entscheidung, die sehr hohe Kosten verursacht«.

Erfolgsmodell Schweiz

Wenn das Integrationsmodell der EU wirklich überlegen wäre, wie erklärt sich dann, dass es den Schweizern in jeder Hinsicht besser geht als den Deutschen? Das Bruttoinlandsprodukt pro Kopf liegt weit über dem deutschen, die Staatsquote in Prozent des BIP weit darunter, die Arbeitslosigkeit und besonders die Jugendarbeitslosigkeit ebenfalls.

Wie haben das die Schweizer nur geschafft? Sie sind nicht reicher als die Deutschen, obwohl sie der EU nicht beigetreten sind, sondern weil sie selbstständig blieben. Und erst recht sind die bürgerlichen Freiheiten, die Eigentumsrechte und die finanzielle Privatsphäre ungleich besser geschützt als in der EU. Kein Wunder, dass immer mehr gut ausgebildete Deutsche in das prosperierende Nachbarland auswandern, auch nach Zürich, wo die Steuern nicht gerade niedrig sind. In dem Taschenbuch *Erfolgsmodell Schweiz* von Jürgen Elsässer und Matthias Erne kann man Näheres nachlesen.

Zusammen mit Norwegen, Liechtenstein und Island ist die Schweiz bis heute Mitglied der Europäischen Freihandelsassoziation (EFTA). Die EFTA hätte eine Alternative zur EU sein können, wurde auch eine Zeit lang als solche angesehen, unterlag aber der Konkurrenz und ist mit den Jahren arg geschrumpft an Mitgliedern.

Dennoch lohnt sich der Vergleich: Die EFTA ist eine Freihandelszone, lässt die Souveränität ihrer Mitglieder unberührt und verzichtet auf eine gemeinsame Währung ebenso wie auf eine gemeinsame Außen- und Verteidigungspolitik, zu der sich auch die EU, obwohl sie so tut, nicht zusammengefunden hat. Das Sekretariat der EFTA ist mit so wenigen Mitarbeitern besetzt, dass ohnehin die Kapazität fehlt, sich in die inneren Angelegenheiten der Mitglieder einzumischen. Gerade deshalb prosperiert sie wirtschaftlich.

Die Vorzüge dieser Art von Kooperation werden nicht einmal durch den Fall Island widerlegt. Der Zusammenbruch der Atlantikinsel war hausgemacht, die Schuld tragen die Banken und das politische Establishment. Norwegen war freiwillig und partiell behilflich, von einer generellen Haftung und Schuldenübernahme war nie die Rede. In der EU gilt das Prinzip der Gleichheit, in der EFTA das der Freiheit und Eigenverantwortung. Ohne die Pflicht zu Transfers und ohne Zwangswährung ist die EFTA als Organisation krisenresistent.

Eigentlich hätten sich die Osteuropäer nach dem Rückzug der Sowjets statt für die EU auch für die EFTA entscheiden können. Warum haben sie es nicht getan? Warum ist die EFTA in einer jahrzehntelangen Konkurrenz der EU unterlegen? Weil es ihr an Machtwillen fehlte und auch, weil die Osterweiterung der EU die Osterweiterung der NATO begleitete und mitfinanzierte und weil das von Washington erwünscht war.

Dabei konnte sich der Westen auf die korrupten ex-kommunistischen Eliten stützen, die überhaupt kein Problem darin sahen, die Bürokratie des COMECON gegen die aus Brüssel auszutauschen. Mit Kommissaren, Komitees und Politbüros waren sie bestens vertraut.

Dass sich die EU durchsetzte, dass sie für die Beitrittskandidaten erst in Süd- und dann in Osteuropa nahezu unwiderstehlich war, erklärt sich nicht zuletzt damit, dass in Brüssel Geld zu haben war, viel Geld. Finanztransfers konnte die

EFTA nicht bieten. Die EU-Subventionen sind ja nicht als Starthilfe, sondern als warmer Dauerregen gedacht. Sie schmieren das Räderwerk der Korruption. Sie füllen die Taschen der neureichen Eliten. Sie dienen weniger einem ökonomischen Zweck, sie sollen Abhängigkeit schaffen. Von den Empfängern wird erwartet, dass sie bei den Abstimmungen in Brüssel keine Schwierigkeiten machen – und das funktioniert bis jetzt ganz gut. Man wüsste gerne, wie solide die europäische Freundschaft wäre, hätte es ein Ende mit dem Subventionsunwesen. Dann könnte niemand mehr gekauft werden.

Ohne die Bereitschaft Deutschlands, den Zahlmeister zu geben, hätte sich die europäische Integration nicht in diese Richtung entwickeln können. Nicht einmal der Euro wäre durchsetzbar gewesen. Er war immer auf Finanztransfers angewiesen – vor seiner Einführung, um die Kandidaten fit für die Währungsunion zu machen, und nachher, um die realwirtschaftlichen Unterschiede einzuebnen, was aber vollständig misslungen ist.

Deutschlands Wiederaufstieg ...

Zugegeben, Deutschland ist nicht die Schweiz und kann sich den Luxus der Neutralität nicht leisten. Die geopolitische Situation war nach dem verlorenen Krieg eine ganz andere. Der Bruch der Kriegsallianz zwischen den USA und der Sowjetunion nach 1945 war ein historischer Glücksfall. Er erhöhte unversehens den Bündnis- und Beutewert Deutschlands, er verschaffte Optionen, die noch 1945 unvorstellbar gewesen waren.

Adenauer nutzte die Chance der neuen weltpolitischen Konstellation, um das Besatzungsregime zu entschärfen und beharrlich politische Handlungsfreiheit zurückzugewinnen, wenn auch keine volle Souveränität.

Der Preis, der von den Siegermächten dafür verlangt wurde, erschien akzeptabel: Eintritt in die NATO, Wiederaufrüstung und die von den USA gewünschte und gesteuerte Integration Westeuropas. Die Europäische Wirtschaftsgemeinschaft und später der Binnenmarkt mit seinen Freiheiten mehrten den Wohlstand der Europäer.

Ironie der Geschichte: 2010 war es Griechenland, das die Grenzen der europäischen Integration auf brutalste Weise aufzeigte und die EU in ihre erste große Krise stürzte. Ebenso war es Griechenland, das 1947 den Anlass für die Neuausrichtung der amerikanischen Europapolitik und für den daraus resultierenden Weg in die Integration lieferte.

1947 kämpfte die Regierung in Athen mit britischer Militärhilfe gegen den Aufstand der Kommunisten, die sich das durch die Niederlage der Wehrmacht entstandene Machtvakuum zunutze gemacht hatten. Als den Briten das Geld ausging, sprangen die USA ein, und am 11. März 1947 verkündete der amerikanische Präsident in einer berühmten Rede die »Truman-Doktrin«. Die Amerikaner würden fortan Westeuropa unter ihren Schutz nehmen und nach ihren Vorstellungen neu ordnen.

»Wenn es ›Europa‹ gibt, dann nur, weil es die Amerikaner wollen«, schrieb im Jahr 1992 der englische Historiker Norman Stone.

Der Euro hingegen wurde in Washington von Anfang an mit gemischten Gefühlen aufgenommen und als potenzieller Konkurrent betrachtet. Als er 2009 von den Schwellenländern, an erster Stelle von China, zunehmend als Alternative zum Dollar eingeschätzt wurde, als die USA um die Finanzierung ihrer Defizite fürchten mussten, da kam die Griechenland-Krise wie eine gütige Fügung des Schicksals.

Jedenfalls waren der Euro, die Entmachtung der Bundesbank und das deutsche Opfer ökonomischer Souveränität nie integraler Bestandteil der amerikanischen Europapolitik – und

ebenso wenig des deutschen Selbstbewusstseins, wie es sich
unter Adenauer und Erhard herausgebildet hatte.

... und die Staatsideologie nach
der Ära Adenauer

Die spezifische bundesrepublikanische Staatsideologie, die die
intellektuelle Basis für das Euro-Experiment lieferte, war späteren Datums – eine Melange aus Vergangenheitsbewältigung,
Europäismus und Westbindung, wobei die Erfindung eines
»deutschen Sonderwegs«, den es zu verlassen gelte, als ständi-
ge Warnung und Rechtfertigung diente.

So wurde der ursprünglich pragmatische und flexible An-
satz der deutschen Europapolitik aufgegeben. Als die von
Adenauer favorisierte Europäische Verteidigungsgemeinschaft
(eine verpasste Chance?) im August 1954 am Widerstand der
französischen Nationalversammlung scheiterte, setzte er auf
ein engeres Bündnis mit den USA. Als sich die amerikanische
Außenpolitik unter Kennedy, wie Adenauer glaubte, zulasten
Deutschlands neu auszurichten begann, schmiedete er mit
de Gaulle eine deutsch-französische Allianz, die von den
Atlantikern in der CDU 1963 torpediert wurde – auch eine
verpasste Gelegenheit, die westeuropäische Landschaft neu
zu ordnen.

Im Rückblick lässt sich sagen, dass Adenauer den deutschen Handlungsspielraum ebenso systematisch zu erweitern
verstand, wie ihn Kohl mit der Radikalisierung der europäischen Integration dezimierte – zuletzt mit der Entscheidung,
die D-Mark zu opfern.

Bei Ludwig Erhard war nicht die Spur jenes ideologischen
Europäismus auszumachen, dem heutzutage alle etablierten
Parteien anhängen. In seinem Bestseller *Wohlstand für alle*
finden sich die schärfsten Warnungen vor einer europäischen

Bürokratie, die gängelt, gleichschaltet und Subventions-
töpfchen aufmacht – und auch vor dem Projekt einer Einheitswährung, das von Erhard ohne Wenn und Aber abgelehnt wurde.

Adenauer und Erhard wussten, dass die prekäre Mittellage
Deutschlands eine Rückkehr zum Nationalismus verbot. Sie
gingen aber nicht von einer selbstverständlichen Interessen-
identität mit den Westmächten aus. Als Washington die Bundeswehr für den Krieg in Vietnam anforderte, sagte Erhard
Nein. Als Hilfstruppen für Afghanistan benötigt wurden, war
das Dogma der Westbindung schon so verfestigt, dass die
Regierung Schröder nicht mehr glaubte, ablehnen zu können.

Dass Professor Hans-Peter Schwarz, damals Ordinarius
an der Universität Bonn, bereits 1994 in seinem Buch *Die
Zentralmacht Europas* den Vertrag von Maastricht als Irrweg
der deutschen Politik diagnostizierte, hatte besonderes Gewicht. Als Autor einer zweibändigen Adenauer-Biografie –
eines Klassikers, der Maßstäbe setzte – genoss er gerade in
CDU-Kreisen immer großes Ansehen. Schwarz stand nie im
Verdacht, zum Nationalismus oder Neutralismus zu neigen.

Aber er wagte es, mit den Tabus der etablierten Parteien zu
brechen. Maastricht sei »auf Sand gebaut«, schrieb er 1994.
Die Vision eines Bundesstaates Europa sei eine bloße »Uto-
pie«. Dass im künftigen Zentralbankrat der EZB Deutschland
dieselbe Stimme haben würde wie Luxemburg oder Irland,
nannte er eine »absurde Gewichtung«. Sein Urteil über die
unter Kohl zum Dogma erstarrte europapolitische Staatsräson der Bundesrepublik: »Schöne Staatsräson, die darin bestehen soll, dass ein Staat sich auflöst.«

Die Engländer sahen die deutsche Verzichtspolitik noch
schärfer. Margaret Thatcher meinte einmal, weil sich die Deutschen nicht mehr selbst regieren wollten, sollten das auch die
anderen Europäer nicht dürfen.

In einem Blog der Tageszeitung *Daily Telegraph* (»Deutsche! Lasst euch nicht länger ausnehmen!«) schrieb der britische Europa-Abgeordnete Daniel Hannan im April 2010, dass die deutsche Großzügigkeit mit Steuergeldern für Griechenland und für »Europa« auf einem »unausgesprochenen Gefühl für historische Verantwortung« beruhe. Damit meinte er, dass Deutschland im Grunde wegen Hitler zahle, in etwa nach der Vorstellung, wie Hannan das ausdrückte: Wenn wir nicht für die Schulden einer verschwenderischen Regierung aufkommen, könnte der Zweite Weltkrieg wieder anfangen.

Das Ergebnis von Hannans psychoanalytischer Tiefenbohrung mag überraschen, aber exakt so versuchte Helmut Kohl die Deutschen einzuschüchtern, als er den Euro zu einer Frage von Krieg oder Frieden erklärte. Das war er natürlich nicht, er war nur eine Frage von richtiger oder falscher Währungspolitik.

Nachdem die abendländischen, christlichen, liberalen und nationalen Traditionen, die aus dem Kaiserreich und aus Weimar herrührten, beginnend mit den 1960er-Jahren zurückgedrängt wurden und schließlich abbrachen, blieb als Legitimitätspotenzial der Bundesrepublik nicht viel mehr übrig als eine Vergangenheitsbewältigung als Daueraufgabe und die Auflösung der nationalen Interessen in der Ideologie und Praxis des Europäismus.

In dem Standardwerk *Die intellektuelle Gründung der Bundesrepublik* wird als Datum dieser Gründung Weihnachten 1959 identifiziert, als in Deutschland eine Welle von antijüdischen, von östlichen Geheimdiensten inszenierten Schmierereien einsetzte. Das sei, schreiben die Autoren, der »entscheidende Schub« für die dann folgende politische Pädagogik und für einen »veränderten« Geschichtsunterricht gewesen. Täuschen wir uns nicht: Wer die Geschichte einer Nation umschreibt und verfälscht, verordnet ihr eine andere Politik.

Wenn es wirklich stimmte, dass die deutsche Geschichte seit dem 19. Jahrhundert ein einziger irriger Sonderweg war, dann lag es nahe, sich einerseits auf Dauer unter dem Schirm der amerikanischen Hegemonie einzurichten und andererseits die eigene Staatlichkeit in »Europa« aufzulösen – »koste es, was es wolle«, wie Angela Merkel einmal in Bezug auf andere internationale »Verpflichtungen« gesagt hat.

Der schreckliche Berliner Konformismus

Als die Griechenland-Krise im Frühjahr 2010 eskalierte, wurde die deutsche Europa-Ideologie zum ersten Mal ernsthaft auf die Probe gestellt. Angela Merkel fand erwartungsgemäß nicht den Mut zu einem Schnitt, machte aber immer noch eine bessere Figur als die anderen Muster-Europäer. Zunächst bezeichnete sie eine Finanzhilfe an Athen nur als »Ultima Ratio«, dann beharrte sie auf Gegenleistungen und Sparmaßnahmen der Griechen, und erst in der letzten Aprilwoche, als Athen nahe am Staatsbankrott war, gab sie ihre Hinhaltetaktik auf. Die *Neue Zürcher Zeitung* kommentierte am 29. April, dass eine frühzeitige, an unklare Bedingungen geknüpfte Zusage das Dümmste gewesen wäre, was die Kanzlerin hätte tun können.

Es gab in diesen Wochen durchaus auch Argumente für eine Soforthilfe an Griechenland. Sie konnte schließlich dazu dienen, Zeit für eine tragfähige Lösung zu gewinnen. Aber wieder, wie schon bei der Euro-Einführung, verweigerten sich die etablierten Parteien in Berlin einer ehrlichen Debatte. Alle proklamierten die Pflicht zur europäischen Solidarität, so als könnten das christliche Gebot der Nächstenliebe und das Familienethos auf zwischenstaatliche Beziehungen angewandt werden.

Merkel habe zu lange gezögert, sie hätte früher helfen müssen, warf ihr die Opposition vor. Man könne Athen nicht im Regen stehen lassen, sagte der Fraktionschef der Sozialisten im Europaparlament, der deutsche Sozialdemokrat Schulz. Auch dem Chef der Grünen, Cem Özdemir, ging es nicht schnell genug mit der Überweisung nach Athen. Merkel habe Kohls europafreundlichen Kurs verlassen, tönte er.

Außerhalb des Berliner Konformismus standen nur wenige, so der FDP-Bundestagsabgeordnete Frank Schäffler. Er wagte es, sich für den deutschen Steuerzahler stark zu machen. In seiner regelmäßigen Kolumne für das Monatsmagazin *eigentümlich frei* (April 2010) rechnete er vor, dass Griechenland zwar das 14. Monatsgehalt seiner Staatsbediensteten reduziert habe, dass aber deutsche Beamte schon lange kein 14. Gehalt und zudem ein vermindertes 13. erhalten; dass griechische Arbeitnehmer mit Vollendung des 58. Lebensjahres in Rente gehen und durchschnittlich 95,7 Prozent des letzten Bruttogehaltes bekommen; dass Arbeiter und Angestellte ein Prozent des Bruttogehaltes in die gesetzliche Krankenversicherung einzahlen, die Kollegen in Deutschland aber 7,9 Prozent; dass die griechischen Löhne in den vergangenen zehn Jahren um 38 Prozent gestiegen waren und in Deutschland nur um vier Prozent.

Hinzugefügt werden muss allerdings, dass das absolute Lohnniveau in Griechenland so niedrig ist, dass dem Durchschnittsverdiener wenig Spielraum bleibt, den Gürtel enger zu schnallen. In Griechenland drohen Verarmung, Rebellion und Anarchie.

Schäffler fand es auch erstaunlich, dass sich die Regierung in Athen skrupellos und vertragswidrig verschuldete, obwohl sie in den Jahren 1999 bis 2008 mit netto 44 Milliarden Euro aus Brüssel bezuschusst wurde. Bei anderer Gelegenheit schlug er vor, Athen möge doch ein paar unbewohnte Inseln verkaufen.

Damit machte er sich unbeliebt. Auf dem Parteitag der FDP im April 2010 war er »umstritten«, die Parteifreunde

»distanzierten sich vom Scharfmacher Schäffler«, war in den Zeitungen zu lesen. Parteichef Westerwelle verhinderte, dass die Möglichkeit eines Ausschlusses aus der Eurozone in den Parteitagsbeschluss aufgenommen wurde. »Wir wollen keine Transferunion zulasten Deutschlands«, beruhigte er zugleich die Delegierten.

Griechenland, das Fass ohne Boden

Genau die hat er bekommen. Zuerst war die Rede von 30 Milliarden innerhalb eines Jahres, wozu Deutschland 8,376 Milliarden beisteuern sollte. Dann kam IWF-Direktor Strauss-Kahn nach Berlin und teilte mit, Athen werde bis Ende 2012 100 bis 120 Milliarden brauchen. »Es ist nicht ein Problem Griechenlands, sondern ein Problem Europas, damit ist es ein Problem Deutschlands«, behauptete Finanzminister Schäuble im schönsten Eurospeak. Verantwortlich für Probleme, die andere geschaffen haben, sind wir selbst. Quod erat demonstrandum.

Ob Schäuble, Özdemir oder Gabriel sich jemals mit der Theorie des Fasses ohne Boden beschäftigt haben? Rechnen wir nach: Allein für das Jahr 2010 benötigt der griechische Staat 27,7 Milliarden zur Rückzahlung von Altschulden und 12,2 Milliarden für Zinszahlungen auf früher begebene Anleihen. Er musste aber 2010 zusätzlich neue Schulden machen, nämlich 21,6 Milliarden in Höhe des prognostizierten Haushaltsdefizits. Und auch auf die Neuschulden müssen künftig Zinsen gezahlt werden.

So wird der Schuldenberg – mit oder ohne Hilfe von außen – höher und höher. Allein 2011, 2012 und 2014 werden jeweils mehr als 30 Milliarden alte Schulden zur Rückzahlung fällig. 2013 werden es 24,8 Milliarden sein. Die können nicht aus der Kasse gezahlt werden, sondern nur durch die Aufnahme neuer Schulden. Und obendrein müssen die laufenden Haushaltsdefizite auch noch finanziert werden.

Wie soll Athen das aufbringen, wenn die Wirtschaft schrumpft und die Steuereinnahmen deswegen eher ab- als zunehmen? Da bleiben im Prinzip drei Möglichkeiten, den Staatsbankrott zu vermeiden: mehr Wachstum, mehr Inflation oder eine Abwertung, die die Exporte ankurbelt. Nichts davon steht im Belieben der Griechen, denn sie stecken in der Zwangsjacke Euro.

Die vierte Möglichkeit ist die, die gewählt wurde: Kredite vom IWF und von den anderen Euro-Staaten. Ob sie jemals zurückgezahlt werden können, steht in den Sternen.

Bliebe noch eine fünfte Möglichkeit: dass Athen aus eigenem Entschluss die Währungsunion verlässt, seine Schulden zusammenstreicht und zur alten Landeswährung, der Drachme, zurückkehrt. So wäre ein Neuanfang möglich. Nur müsste Griechenland dann womöglich auch noch die EU verlassen, zumindest nach der Logik des Vertrages von Lissabon. So sieht es jedenfalls die EZB, die sich mit der heiklen Frage bereits beschäftigt hat.

Gegen einen solchen Verzweiflungsschritt spricht aus griechischer Sicht, dass dann die regulären Transfers aus Brüssel nicht mehr fließen würden. Dass Berlin oder Brüssel von sich aus die Griechen zum Austritt drängen, ist kaum zu erwarten. Die EU wird mit allen Mitteln versuchen, das labile Gebilde der Währungsunion auf Gedeih und Verderb zusammenzuhalten. Es wurde zu viel an politischem Willen investiert, um vorschnell aufzugeben. Die Erkenntnis, ein gescheitertes Experiment abzubrechen und wieder von vorne anzufangen, ist noch nicht gereift.

Griechenland zu retten, ein Leichtgewicht mit weniger als drei Prozent der Wirtschaftsleistung der Eurozone, ist kostspielig, aber gerade noch finanzierbar. Ein Flächenbrand, der ganz Südeuropa erfasst, wäre nicht mehr zu löschen. Und es ist wohl leider Verlass darauf, dass die Deutschen auch morgen jeden Preis zahlen werden, um den Euro zu retten und die fixe Idee der Herren Kohl und Mitterrand am Leben zu halten.

KAPITEL 7

Die letzten Jahre des Euro

Mittwoch, der 5. Mai 2010, war wieder einmal so ein Tag, an dem man die intellektuelle Dürftigkeit der politischen Klasse Deutschlands besichtigen konnte. Während sich die Honoratioren versammelten, um den 80. Geburtstag Helmut Kohls nachträglich zu feiern und sein Lebenswerk zu würdigen, befasste sich der Bundestag in aller Eile mit dem Hilfspaket für Griechenland, um das für die Insolvenzverschleppung notwendige Gesetz auf den Weg zu bringen. Jeder Tag zählte, um das Land, das »praktisch bankrott« war (so Professor Hans-Werner Sinn), liquide zu halten.

Genau genommen waren die Abgeordneten des Haushaltsausschusses dabei, die Drehtüre neu zu erfinden: Die Kredite würden nach Eingang in Athen umgehend auf die Konten deutscher, französischer und anderer Geschäftsbanken überwiesen werden. Denn diese hatten als Hauptgläubiger von Hellas die Ouzo-Anleihen gekauft und hofften auf Rückzahlung.

Auf der Geburtstagsfeier wurde Kohl nicht nur für sein Meisterstück, die Wiedervereinigung, gelobt, sondern auch – man glaubt es kaum – für seine Verdienste um die Einführung des Euro. Das hätte gerade an diesem Tag zynisch gemeint sein können, war es aber nicht. Es war ein neuerlicher Beleg für die Unfähigkeit der *classe politique* zur Selbstkritik und zum analytischen Denken.

Kohl hatte als Kanzler – gegen den eindringlichen Rat von Bundesbankpräsident Pöhl – nicht nur die deutsche Währungsunion verpfuscht, der schwer angeschlagenen DDR-Wirtschaft mit der Umstellung zu einem falschen Wechselkurs eine desaströse Währungsaufwertung verpasst und damit die neuen Bundesländer auf Dauer an den Subventionstropf gehängt. Er hatte – wenn auch unter anderen Vorzeichen – denselben Fehler mit der Europäischen Währungsunion begangen.

In Berlin fehlt es am Willen und am Mut, frühere Entscheidungen zur Disposition zu stellen, eine ehrliche Debatte zu führen und einen als falsch erkannten Kurs zu korrigieren. Deutschland stolpert in die Zukunft. Nicht einmal die Opposition habe den Ehrgeiz, Argumente in der Sache auszutauschen, wunderte sich die *Frankfurter Allgemeine Zeitung* am 6. Mai über die Beratung der Milliardenhilfe an Griechenland im Hohen Haus.

Die drei Linksparteien hielten das Vorhaben für »genauso alternativlos wie die Union und die FDP«. Zu bedauern sei der Bürger, »der in der Euro-Debatte ein solch dürftiges politisches Angebot vorfindet«.

Alternativen, die verdrängt werden, verschwinden deswegen nicht. Sie tauchen früher oder später wieder auf, und dann können sie unwiderstehlich sein.

Als die Schweizer Großbank UBS am 28. April 2010 eine Studie mit ihren neuesten Währungsprognosen veröffentlichte, gebrauchte sie ein Caveat, das ich in einer Bankpublikation so noch nie gelesen hatte: »Wir stellen unsere Prognosen unter der Annahme, dass der Euro in einem Jahr noch existiert.«

Das wiederum war keine Prognose, denn über Dinge, die unsicher sind, sollte man keine Gewissheiten verbreiten. Man kann nur größere oder kleinere Wahrscheinlichkeiten identifizieren und sich darauf einrichten. Und man sollte als Anleger immer auch die Möglichkeit eines extremen Ereignisses, eines »schwarzen Schwans«, ins Auge fassen.

Gerade unter Finanzexperten grassiert so etwas wie Prognose-Hybris. Einmal steht eine Deflationsspirale wie in den 1930er-Jahren bevor, ein andermal wird die Hyperinflation angekündigt oder auch der kurz bevorstehende Staatsbankrott.

Das alles ist vorstellbar, in dieser Reihenfolge oder auch umgekehrt, in naher oder ferner Zukunft. Stur auf ein vermutetes Szenario zu setzen, und dazu mit den falschen Finanzprodukten, kann zum Ruin führen. Wir müssen begreifen, dass nichts mehr sicher und alles im Fluss ist. Spätestens mit dem Ausbruch der großen Finanzkrise 2008, aber im Grunde schon seit dem Ende der säkularen Börsenhausse 2000, wurde jede Art von Investieren zur Spekulation.

Das Wort kommt vom Lateinischen *speculare*, und das bedeutet: beobachten. Der kluge Investor wertet Nachrichten aus, analysiert Trends, beobachtet die Akteure und die Ereignisse, zieht daraus seine Schlüsse und bleibt immer flexibel und skeptisch. Er hütet sich vor Panik und Sorglosigkeit gleichermaßen.

Kein Happy End in Sicht

Im Folgenden werde ich den Versuch wagen, einen Blick in die Zukunft zu werfen. Dabei werde ich zwischen vorhersehbaren Entwicklungen und solchen Szenarien, die mehr oder weniger wahrscheinlich sind, möglichst sauber zu unterscheiden versuchen.

Ein Happy End ist nicht in Sicht. Sicherlich hätte die Bundesregierung die Alternative, vertragstreu zu bleiben, den im Maastrichter Vertrag vereinbarten Haftungsausschluss (*no bail-out*) zu befolgen und Finanzhilfen an überschuldete Euro-Länder abzulehnen. Das wäre vermutlich sogar billiger gekommen. Ende 2009 waren die deutschen Banken mit rund

20 Milliarden Euro in griechischen Staatsanleihen engagiert. Davon hätten sie infolge eines frühzeitigen griechischen Staatsbankrotts vielleicht 40 oder 50 Prozent verloren. Das wäre verkraftbar gewesen, auch ohne neue Staatshilfen.

Bei den französischen Banken sah es schon etwas anders aus, sie waren mit 34 Milliarden exponiert. Nach Griechenland wäre höchstwahrscheinlich Portugal an der Reihe gewesen. Dort hatten die französischen und die deutschen Banken je sieben Milliarden in Staatsanleihen investiert – auch das eine überschaubare Summe.

Wäre dann aber mit den beiden Staaten auch deren Wirtschaft kollabiert, dann hätten sich die Verluste der Banken ausgeweitet. Denn zusätzlich zu den Staatsanleihen hatten die deutschen Banken elf Milliarden in Griechenland und 26 Milliarden in Portugal investiert und die französischen Geldinstitute 18 bzw. 24 Milliarden. Wäre anschließend auch Spanien gefallen, hätte eine Reihe von europäischen Banken staatliche Finanzhilfen benötigt, wie schon 2008.

»Das Erste steht uns frei, beim Zweiten sind wir Knechte«, heißt es in Goethes *Faust*. Nach dieser Maxime unterwirft sich die Bundesregierung einem fatalen, scheinbar zwangsläufigen Prozess, ohne das Ende zu bedenken. Um die Fiktion einer funktionierenden Währungsunion aufrechtzuerhalten, riskiert sie den finanziellen Ruin Deutschlands. »Jetzt retten wir Griechenland«, sagte Kurt Biedenkopf, »aber wer rettet Deutschland?«

Hat sich die Bundesregierung überhaupt schon einmal ernsthaft damit befasst, wer nach Griechenland gestützt werden muss? Wo liegen die Grenzen der deutschen Leistungsfähigkeit? Wenn die Kosten eines politischen Kurses unkalkulierbar sind, ist es keine schlechte Option, den andauernden Rechtsbruch zu beenden, den Vertrag von Maastricht wieder wörtlich zu nehmen und die Währungsunion schrumpfen zu lassen. Der Euro war nicht als Transferunion angelegt.

Er wurde den Deutschen ausdrücklich nicht als solche verkauft.

Wenn wir sehr viel Glück haben, bleiben zwei oder drei Jahre, um eine Exit-Strategie auszuarbeiten. Die Kredite an Griechenland müssen dann eben abgeschrieben werden. Die Europäische Währungsunion könnte sich in einen südlichen und nördlichen Block teilen, in eine Weichwährungs- und eine Hartwährungszone. Oder die früheren nationalen Währungen könnten neben dem Euro als gesetzliche Zahlungsmittel zirkulieren. Dann hätten Griechenland, Portugal und Spanien die Wahl, sich in der eigenen Währung oder in Euro zu verschulden.

Sicher ist nur, dass die Schuldenmengen – auch in Deutschland – in den nächsten Jahren weiter wachsen werden, nicht nur absolut, sondern auch relativ zum Bruttoinlandsprodukt. Die Eurozone steckt in der Schuldenfalle, die Rückkehr zu soliden Staatsfinanzen bleibt ein Wunschtraum.

Die Lage in den PIGS-Staaten

In einer viel beachteten Studie vom 24. März 2010 (*Public debt in 2020*) hat die Deutsche Bank versucht, die Entwicklung der Staatsschulden bis 2020 zu berechnen. Das Ergebnis ist furchterregend. Und dabei wird sogar davon ausgegangen, dass desaströse »Schocks« ausbleiben. Schocks wie beispielsweise erhebliche höhere Realzinsen als unterstellt oder eine neuerliche Rezession oder Depression, die die Steuereinnahmen dezimieren würde. Das Szenario der Deutschen Bank, aus dem ich im Folgenden zitiere, ist mithin ein relativ günstiges. Es könnte auch noch viel schlimmer kommen.

Nach den Prognosen, die selbstverständlich nicht punktgenau sein können, wird die Staatsschuld Griechenlands im Zeitraum 2010 bis 2020 von 123 Prozent des BIP auf 171 Prozent anschwellen. Wenn kein Wunder geschieht, ist der Staatsbankrott schon vorher unvermeidlich – er wurde im Mai 2010 nur vertagt.

Das Hauptproblem Griechenlands besteht darin, dass das inländische Sparaufkommen nicht ausreicht, um die Defizite zu finanzieren. Insofern ist die Situation ähnlich wie in den USA, nur mit dem Unterschied, dass der Dollar als Weltreservewährung fungiert und dass ihn die USA selbst in beliebigen Mengen herstellen können.

Nur wenig solider ist die Situation Portugals. Dort werden die Staatsschulden laut Basis-Szenario der Deutschen Bank von zuletzt 91 Prozent auf 132 Prozent des BIP im Jahr 2020 ansteigen. Portugal ist wie Griechenland auf ausländisches Kapital angewiesen. Von 2001 bis 2008 betrug das Leistungsbilanzdefizit durchschnittlich neun Prozent der Wirtschaftsleistung!

Gleichzeitig fehlt das Wachstum, das notwendig wäre, um der Schuldenfalle zu entkommen. Die portugiesische Wirtschaft wuchs in den 1990er-Jahren noch kräftig, als der bevorstehende Eintritt in die Währungsunion dem Land fabelhaft niedrige Zinsen bescherte. Der Effekt ist längst verpufft. Im Zeitraum von 2001 bis 2008 legte die Wirtschaft im Durchschnitt nur noch um ein Prozent zu, während die Löhne jährlich um drei Prozent stiegen. Die Folge: ein Verlust an Wettbewerbsfähigkeit.

Mit zwei Prozent der Wirtschaftsleistung der Eurozone rangiert die portugiesische Volkswirtschaft noch nach der griechischen. Warum sollten ausländische Geldgeber unter diesen Umständen eine ständig wachsende Staatsschuld finanzieren, wenn ihnen im selben Währungsraum weniger riskante und liquidere Rentenmärkte zur Verfügung stehen?

In Italien sieht es auf den ersten Blick nicht viel besser aus. Für 2020 wird mit einer Staatsverschuldung von 131 Prozent des BIP gerechnet, einer Größenordnung also, die identisch ist mit der portugiesischen. Dies allerdings mit zwei Unterschieden: 2010 beträgt die Verschuldung bereits 127 Prozent, damit ist der zu erwartende Anstieg minimal. Und zweitens liegt sehr viel Geld auf den italienischen Sparkonten, sodass der größte Teil der italienischen Schulden selbst finanziert werden kann. Das erklärt, warum Italien bislang nicht in die Schusslinie der Spekulation geriet, obwohl auch Rom die Maastrichter Schuldengrenze von 60 Prozent bei Weitem überschreitet.

Auch Spanien wird von den angelsächsischen Devisenhändlern, einem zynischen Pack, zu den PIGS-Staaten gerechnet. *Pig* ist das englische Wort für Schwein und steht in diesem Fall für Portugal, Italien, Griechenland und Spanien. Wegen der kreditfinanzierten Immobilienblase, die die Bauwirtschaft mächtig ankurbelte und Steuern in die Kassen des Fiskus spülte, ging Spanien mit einer relativ niedrigen Verschuldung in die große Finanzkrise. Selbst 2010 liegt die Schuldenquote mit geschätzten 68 Prozent BIP noch immer unter der deutschen.

Inzwischen ist die Blase geplatzt, die Arbeitslosigkeit ist auf 20 Prozent geklettert, größere Teile der spanischen Gesellschaft sind dabei, zu verarmen. Dennoch geht die Deutsche Bank davon aus, dass die spanische Schuldenquote auch 2020 immer noch knapp unter der deutschen liegen wird: 93 gegen 97 Prozent.

Daraus zu schließen, dass die spanische Finanzverfassung ähnlich stabil oder instabil ist wie in Deutschland, wäre falsch. Die Höhe der Schuldenquote für sich genommen zeigt eben nur einen Ausschnitt des Gesamtbildes. Spanien ist ebenso abhängig von Auslandsgeldern wie Griechenland – Deutschland überhaupt nicht. Nur Portugal steht unter den Euro-Ländern in dieser Hinsicht noch schlechter da.

Warum ist das so wichtig? Weil niemand ausländische Banken, Pensionsfonds und Privatinvestoren in den großen

Kapitalsammelstellen in London, Zürich und New York zwingen kann, Anleihen zu zeichnen, die sie nicht haben wollen.

Der Vorteil Spaniens gegenüber Portugal und Griechenland liegt hauptsächlich darin, dass das Land mehrere wettbewerbsfähige Konzerne aufweisen kann, die vor allem in Lateinamerika gute Geschäfte machen, und auch darin, dass eine große Volkswirtschaft schwerer angreifbar ist als eine kleine. Umso schlimmer sind allerdings die Konsequenzen, wenn ein Schwergewicht wie Spanien straucheln sollte. Selbst Merkel, Gabriel, Trittin & Co., die im Falle Griechenland schnell das Scheckbuch zückten – wenn auch nicht das eigene –, müssten vor der Höhe der dann notwendigen Summen kapitulieren.

Wieder etwas anders verhält es sich mit Irland. Die Schuldenquote liegt 2010 auf gleicher Höhe wie die deutsche, dürfte aber bis 2020 auf schätzungsweise 118 Prozent zunehmen. Die Defizitquote, das heißt der jährliche Fehlbetrag im Haushalt, ist derzeit extrem hoch – fast so hoch wie in Griechenland und noch etwas höher als in Spanien.

Zwei Pluspunkte kann Dublin für sich verbuchen: Die Operateure an den Finanzmärkten sind beeindruckt von den bisherigen rigorosen Sparmaßnahmen, und die irischen Vermögenswerte, die von Ausländern gehalten werden, bestehen weniger aus Krediten und Anleihen, sondern zu einem erheblichen Teil aus Fabriken und Bürokomplexen, in die das Ausland investiert hat. Die können nicht so schnell von der Insel abgezogen werden. Insgesamt liegt die Netto-Vermögensposition Irlands zwar im Minus, das heißt, die Auslandsschulden übersteigen die irischen Guthaben im Ausland. Aber die Summen, die dem Ausland geschuldet werden, drücken doch weniger als im Falle Griechenlands, Spaniens und Portugals.

Als Folge der Leistungsbilanzüberschüsse befindet sich die deutsche Nettoposition übrigens im Plus, und das bedeutet, dass Deutschland mehr Vermögen im Ausland hält als das Ausland in Deutschland.

Wie Sie sehen, plädiere ich dafür, die Krisenanfälligkeit eines Landes nicht nur nach der Höhe der Staatsschulden zu beurteilen, sondern auch mit Blick auf die Leistungsbilanz. Wenn wir beide Komponenten zusammen betrachten, lassen sich die Euro-Länder in drei Gruppen einteilen:

In der schlechtesten finden wir Griechenland, Portugal, Spanien und Irland (in der Reihenfolge ihrer Krisenanfälligkeit).

Zur mittleren Gruppe gehören Slowenien, Italien, Belgien, die Slowakei und Frankreich (alle mit einem Leistungsbilanzdefizit).

Und in der besten Gruppe sind Finnland, Deutschland, Österreich und die Niederlande versammelt – alle vier mit einem Leistungsbilanzüberschuss und zugleich mit einem Haushaltsdefizit, wobei das finnische das geringste ist.

Die Einteilung in drei Gruppen ist als Anhaltspunkt dafür gedacht, wer in den kommenden Jahren freiwillig oder gezwungenermaßen aus der Eurozone ausscheiden könnte. Sie hat zudem praktischen Wert, weil sie dem Investor hilft, das Risiko von Staatsanleihen realistisch abzuschätzen.

Dieses Risiko spiegelt sich nicht unbedingt in der jeweiligen Renditedifferenz wider. Finanzmärkte sind eben nicht effizient, sie irren sich oft und korrigieren schließlich doch ihre Fehleinschätzung. Lange Zeit war der Renditevorsprung griechischer Staatsanleihen viel zu niedrig, weil die Akteure das Bonitätsrisiko unterschätzten.

Auf welche Schulden es ankommt

Auch wenn der Saldo der Leistungsbilanz wichtig ist für die Tragfähigkeit der Staatsverschuldung, so ist er doch keineswegs identisch mit der jährlichen Defizitquote des Staatshaushaltes. Eine positive Leistungsbilanz, wie sie Deutschland oder die Niederlande vorweisen können, besagt zunächst nur, dass mehr exportiert als importiert wird. Buchhalterisch ist die Leistungsbilanz, das heißt die Außenbilanz, identisch mit der Binnenbilanz – und diese setzt sich zusammen aus der Bilanz des Privatsektors und des öffentlichen Sektors.

Das erklärt, warum es für Länder mit einem chronischen Außendefizit sehr schwierig ist, den Staatshaushalt zu sanieren und die Verschuldung abzubauen – siehe Griechenland, Spanien und die USA. Nur den USA steht der Weg offen, Geld in eigener Regie zu drucken und die Staatsschuld durch Inflation real zu verringern oder – das ist die zweite Option – die eigene Währung abzuwerten, um den Export anzukurbeln und damit die Außenbilanz zu verbessern.

Genau das ist das Problem der europäischen Südstaaten. Solange sie den Euro nicht aufgeben, bleibt ihnen nur das Instrument der Sparpolitik. Mithilfe von Steuererhöhungen, dem Abbau von Sozialleistungen und Gehaltskürzungen kann versucht werden, die Staatsbilanz auf Kosten der Bilanz des privaten Sektors zu verbessern. Wenn die Bürger dann, weil ihnen das Geld fehlt, weniger ausländische Waren kaufen, verbessert sich mit der Haushaltsbilanz auch die Leistungsbilanz.

Auf Island war der Mechanismus gut zu beobachten: Mitten in der tiefsten Rezession verschwand das Außendefizit, weil den Isländern das Geld fehlte, um teure Autos und Luxusartikel aus Übersee zu kaufen.

Wie Sie sehen, muss viel zusammenkommen, damit ein Staatsbankrott unausweichlich wird. Schon gar nicht lässt er sich aufs Jahr genau prognostizieren. Wir kennen den Weg in den Bankrott, aber nicht seine Länge. Dass zum Beispiel in Deutschland die Schulden der öffentlichen Hand in nicht allzu ferner Zukunft die astronomische Höhe von zwei Billionen erreichen werden, ist erschreckend, sagt aber für sich genommen wenig aus. Es kommt immer darauf an, wer wie viel Schulden in Relation zum Inlandsprodukt anhäuft und unter welchen Bedingungen. Und: Je tiefer die Zinsen, desto länger lässt sich die Überschuldung durchhalten.

Staatsschulden müssen nicht unbedingt schädlich sein. Wenn in einer Rezession die Steuereinnahmen zurückgehen und die Regierung Kredite aufnimmt und diese später im Wirtschaftsaufschwung zurückzahlt, ist nichts dagegen einzuwenden. Schulden können sogar produktiv sein, wenn die Regierung damit Investitionen in die Infrastruktur, in Verkehrswege und Bildungseinrichtungen finanziert, die auch der nächsten Generation zugutekommen. Dass sich diese dann auch an der Rückzahlung beteiligt, ist vertretbar.

Leider spielt diese Art von Staatsverschuldung auch in Deutschland schon lange keine Rolle mehr. Die Verschuldung atmet nicht mehr im Rhythmus der Konjunkturzyklen. Nach den Rezessionen wird nichts zurückgezahlt. Das Staatsdefizit ist zum großen Teil strukturell, es baut sich nicht mehr selbst ab. Und in Investitionen fließt nur noch ein lächerlich kleiner Teil der Staatsausgaben.

Artikel 115 Grundgesetz wird von unseren im Verfassungsbruch geübten Politikern längst missachtet. Dort wird vorgeschrieben, dass die Einnahmen aus Krediten die Ausgaben für Investitionen nicht überschreiten dürfen. Schön wär's.

Die Staatsschulden sind schon längst zum überwiegenden Teil konsumptiv, nicht nur in Griechenland, auch in Deutschland. Sie finanzieren den Sozialstaat und kaufen Wählerstimmen, so wie sie im 19. Jahrhundert und bis zur Mitte des 20. Jahrhunderts die von den Regierungen angezettelten Kriege finanzierten. Die USA leisten sich diesen Luxus heute noch, Deutschland ist in Afghanistan mit 36 Milliarden Euro dabei, die das Abenteuer laut einer Studie des Deutschen Instituts für Wirtschaftsforschung (DIW) insgesamt kosten wird, falls die Bundeswehr nach 2013 mit dem Abzug beginnt. Bleibt sie länger in Afghanistan, wird es natürlich noch teurer.

Relativ neu und ungemein kostspielig ist außerdem die Stützung des maroden Banken- und Finanzsystems durch die Regierungen. So kam der letzte große Schuldenschub zustande. Niemand macht sich ernsthaft Gedanken darüber, dass das Geldsystem als solches ruinös und reformbedürftig ist. Im 19. Jahrhundert, zu Zeiten des Goldstandards, kam es auch schon zu großen Bankenkrisen. Nur gingen die Banken, die sich verspekuliert hatten, dann eben unter. Der Steuerzahler kam nicht für sie auf.

Die Illusion, mit Schulden reich zu werden, lässt sich immer nur eine Zeit lang aufrechterhalten. Jeder kreditfinanzierte Boom trägt den Keim seines Zusammenbruchs in sich. Der Ablauf in den USA seit dem Jahr 2008 war im Prinzip nicht anders als der in Spanien, Irland, Island und Griechenland. Solides Wirtschaftswachstum beruht auf Investitionen, und investiert werden kann nur, was vorher gespart wurde. So einfach ist das.

Eine andere, mit der Schuldenillusion verwandte Selbsttäuschung ist die Anleihenillusion. Der Staat nährt sie, weil sie das System psychologisch stützt. Sie funktioniert so, dass die Bürger sich reicher fühlen, wenn Staatsausgaben statt durch Steuern durch Schulden finanziert werden.

Weshalb das so ist? Weil die Bürger, die Staatsanleihen auf dem Konto haben, diese als Teil ihres Vermögens betrachten, ohne zu bedenken, dass sie selbst für die Zinsen und die Rückzahlung aufkommen müssen – entweder in Form von künftigen Steuern oder durch inflationäre Entwertung der Anleihen oder durch Kapitalverlust im Zuge eines Staatsbankrotts. Auch die Entwertung von Staatsanleihen durch hohe Inflation muss als eine Spielart des Staatsbankrotts gesehen werden. Dass auf die mageren nominalen Zinsen (nicht auf die realen!) auch noch die Abgeltungsteuer entrichtet werden muss, fügt zum Schaden den Hohn.

Ja, Staaten können pleitegehen

Nach der Finanzkrise, der Bankenkrise und der Wirtschafts-krise nun also die Staatsschuldenkrise, zu der Island als Früh-warnindikator und Griechenland als erstes Euro-Land den Auftakt gaben. Dass Staatsbankrotte auch im industrialisier-ten Westen möglich sind, wurde bisher verdrängt. Selbst in dem 2009 erschienenen Standardwerk *Öffentliche Finanzen*, verfasst von Wolfgang Scherf, fehlt ein Kapitel über den Staats-bankrott.

Walter Wriston, der frühere Chef der amerikanischen *Citibank*, sagte einmal: »Länder gehen nicht pleite.« Das stimmt natürlich nicht, sie gehen nur anders pleite als Unter-nehmen. Die Länder sind hinterher noch da, die Firmen nicht.

Ein anderer Unterschied: Auf die verbliebenen Vermögens-werte eines insolventen Unternehmens können die Gläubiger zugreifen, auf das Vermögen eines Staates nur sehr schwer. Auch das hat sich geändert: Im 19. Jahrhundert schickten die USA und Großbritannien schon einmal Kanonenboote, wenn eines dieser armseligen Länder seine Schulden nicht zahlte. Die Engländer marschierten in Ägypten und der Türkei ein, um die Schulden einzutreiben, und die USA noch 1915 in Haiti.

Im Englischen gibt es ein präzises Wort für die Staatspleite: *Default*. Das lässt sich mit »Zahlungsverzug« übersetzen. In Verzug ist demnach ein Staat, sobald er fällig werdende Schul-den nicht bedient oder die Zinsen auf ausstehende Schulden nicht fristgerecht überweist.

Dann kann ein Moratorium folgen, der Schuldendienst wird ausgesetzt, die Gläubiger müssen warten – manchmal jahrelang. So jedenfalls verhielt es sich mit Griechenland schon im 19. Jahrhundert.

In der Regel wird anschließend umgeschuldet. Die Regierung verhandelt mit Banken und privaten Investoren über einen »Haarschnitt« (*haircut*), das heißt, über eine Kürzung der Rückzahlung und der Zinsen. Die Gläubiger verlieren einen Teil ihres Geldes. Wie das abläuft und wie lange sich die Umschuldung (auch so ein Euphemismus) hinziehen kann, wissen die deutschen Besitzer von Argentinien-Anleihen nur zu gut.

Nur in seltenen Fällen ist der Staatsbankrott mit einem Totalverlust verbunden. Daher finden die Anleihen auch praktisch bankrotter Staaten immer wieder Käufer, wenn sie billig genug zu haben sind. Wer beispielsweise im April 2010 davon ausging, dass Athen mithilfe der EU- und IWF-Kredite drei Jahre lang liquide bleiben würde und dass der »Haarschnitt« nicht mehr als 40 Prozent betragen würde, konnte es riskieren, mit einem kleinen Einsatz zweijährige griechische Papiere knapp über 60 Prozent zu kaufen.

Ein rationaler Investor wird jedoch zögern, den Großteil seines Vermögens in zehnjährige Bundesanleihen zu investieren, wenn diese nicht einmal mit drei Prozent rentieren. Für die voraussehbare Entwertung durch Inflation bleibt da kein Spielraum. Der Investor erhält auch keinerlei Risikoprämie für den theoretischen Fall, dass Deutschland innerhalb von zehn Jahren umschulden muss.

Zahlungsverzug und Umschuldung sind nicht identisch mit einer Währungsreform. Währungsreformen sind relativ selten: Die alte Währung wird über Nacht durch eine neue ersetzt. Die Sparer verlieren (wie 1923 in Deutschland) alles oder (wie 1948) den größten Teil ihrer Guthaben. Währungsreformen, über die sich alle freuen, wurden noch nicht ausprobiert. Eine solche wäre der Ausstieg aus dem Euro und die Rückkehr zur D-Mark.

Wer glaubt, Staatsbankrotte in Europa seien nur ein Thema für Historiker, wird sich noch wundern. 2009 machte ein Buch von zwei amerikanischen Professoren, Carmen M. Reinhart und Kenneth S. Rogoff, Furore. Unter dem Titel *This Time is Different* wurden so gut wie alle Bankenkrisen, Finanzkrisen und Staatsbankrotte der vergangenen zwei Jahrhunderte aufgelistet und kategorisiert.

Ergebnis: Auch diesmal ist es nicht anders, die Geschichte wiederholt sich. Der Buchtitel ist ironisch gemeint! Selbstverständlich können Staaten pleitegehen. Besonders in Bankenkreisen, wo die alerten jungen Händler keine Ahnung von Finanzgeschichte haben, war das Erstaunen groß – so als hätten Reinhart und Rogoff eine sensationelle Entdeckung gemacht.

Zyklen der Staatsbankrotte

Dank der Torheit der Regierenden und der Emotionen ihrer Untertanen durchlaufen auch die Finanzmärkte immer wiederkehrende Zyklen. Nichts ist neu daran, dass sich Bankenkrisen und Staatsschuldenkrisen zeitlich überlappen, dass die Aufschuldung irgendwann an ihre Grenze stößt, dass die Gläubiger bluten müssen, dass die Zusammenbrüche über einen Zeitraum von mehreren Jahren eine schrumpfende oder stagnierende Wirtschaft zur Folge haben und dass sie die Einkommen und den Lebensstandard schmälern.

Der erste Zyklus, in dessen Verlauf Auslandsschulden nicht bezahlt wurden, fiel auf die Napoleonischen Kriege, der zweite Höhepunkt der Staatspleiten auf die 20er-, 30er- und 40er-Jahre des 19. Jahrhunderts, der dritte auf die 1870er- und 1880er-Jahre, der vierte auf die 30er- und 40er-Jahre des 20. Jahrhunderts und der fünfte auf die 1980er- und 1990er-Jahre, als die Schwellenländer von massiven Schuldenkrisen erfasst wurden – zuerst Mexiko und gegen Ende der Periode Südostasien und Russland.

Ruhe und Stabilität herrschten eigentlich nur in den zwei Dekaden des Goldstandards vor 1914 und im Zeitraum von 2003 bis 2008. Auf jede Ruheperiode, schreiben die Autoren, folgte unweigerlich eine neue Welle von Staatsbankrotten.

Die neueste, sechste Welle begann anzurollen, als Griechenland keinen Zugang zum Kapitalmarkt mehr hatte. Nur sind diesmal zur allgemeinen Überraschung nicht die notorischen Pleitiers in Lateinamerika und gewissen Teilen Asiens betroffen, sondern der reiche Westen einschließlich der amerikanischen Bastion des Kapitalismus und ihres Ablegers Großbritannien.

Nur wenige europäische Staaten sind nicht überschuldet – und alle liegen sie, mit Ausnahme des Sonderfalls Luxemburg, außerhalb der Eurozone: Schweden, Norwegen, Dänemark und die Schweiz. Dementsprechend solide sind auch ihre Währungen.

Keine Schuldenprobleme haben die meisten Schwellenländer. In Chile, Indonesien, Mexiko, Peru und Russland machen die Staatsschulden weniger als 20 Prozent des BIP aus, in Lateinamerika und Afrika im Schnitt nur 30 Prozent.

Die Schwellenländer haben die jüngste Finanzkrise gut überstanden, die Bevölkerungen sind jung, die Sozialsysteme nicht überlastet, die Wachstumsaussichten sind besser als in den USA und Westeuropa. Überschuldung kostet stets Wachstum, und fehlendes Wachstum verhindert den Schuldenabbau.

Für die Analytiker der Deutschen Bank stehen Sieger und Verlierer des Jahrzehnts schon jetzt fest: In den Industrieländern wird demnach die Staatsverschuldung bis 2020 von zuletzt 100 Prozent auf 133 Prozent des BIP ansteigen, in den Schwellenländern von 46 Prozent auf 35 Prozent im Jahr 2020 sinken. Als Einwohner der Eurozone wird man neidisch und denkt ans Auswandern.

Gemischter Segen: Deutschland in der EU

Überspitzt ausgedrückt: Aufgrund der Mitgliedschaft in der Eurozone macht sich Deutschland zum Gefangenen des schwächsten Wirtschaftsraumes der Welt, gemessen an den Wachstumsraten, eines Wirtschaftsraumes mit einer beschädigten, immens teuren Währungsordnung und zunehmendem Dirigismus, der zulasten der ökonomischen Freiheit und des Wohlstandes geht.

»Das bewährte Modell der Nachkriegszeit«, schrieb Dr. Jens Ehrhardt in der *Finanzwoche* vom 5. Mai 2010, nämlich »im Trend steigende DM und im Trend steigender deutscher Lebensstandard, wurde zugunsten des restlichen Europa aufgegeben. Die deutschen Handelsbilanzüberschüsse glichen nur die Rekord-Handelsbilanzdefizite der Mittelmeerländer aus.« Die Öffentlichkeit habe nur die Vorteile für den Export, nicht aber die Nachteile für die Binnenwirtschaft gesehen.

Tatsächlich stagnieren die deutschen Masseneinkommen seit der Jahrhundertwende. Bisher war daran nur partiell der Euro schuld, künftig wird er wie ein Bleigewicht drücken.

Die Masseneinkommen errechnen sich aus den Bruttolöhnen (nur diese sind in den zurückliegenden zehn Jahren in Deutschland gestiegen!) abzüglich der Steuern sowie Sozialabgaben und zuzüglich der Sozialleistungen. Kaum war die deutsche Griechenland-Hilfe im Umfang von 22,4 Milliarden beschlossen, kam das Finanzministerium mit einer Steuerschätzung heraus, derzufolge sich Bund, Länder und Gemeinden bis Ende 2013 auf 38,9 Milliarden weniger Steuereinnahmen einstellen müssen als bis dahin eingeplant. Am 10. Mai verkündete Angela Merkel, die Steuern könnten nun doch nicht gesenkt werden.

Dabei bräuchte der deutsche Mittelstand nichts dringender als kräftige Steuersenkungen. Die sind illusorisch, seitdem die Rechnung für die Insolvenzverschleppung Südeuropas präsentiert wurde. Umgerechnet auf die Wirtschaftskraft der Vereinigten Staaten von Amerika würde sich das im April 2010 beschlossene Hilfspaket für Griechenland auf 6000 Milliarden Dollar belaufen!

Die deutsche Volkswirtschaft, deren forschungs- und wissensbasierte Stärke auf das Kaiserreich zurückgeht, ist geradezu prädestiniert dafür, vom Aufstieg der Schwellenländer in Asien und Lateinamerika zu profitieren. Ein Blick auf die deutsche Exportstruktur lässt deutlich werden, was ich meine: 43,1 Prozent der Exporte gehen in die Länder der Währungsunion, 56,9 Prozent in Fremdwährungsländer. Die anderen EU-Mitglieder, darunter Frankreich, sind stärker auf die Eurozone fokussiert – und damit auf eine Region, die auch künftig im Wachstum zurückfallen wird.

Beispiel: Im ersten Quartal 2010 konnte der Chemiekonzern BASF den Umsatz um 26 Prozent steigern und den Betriebsgewinn vor Sondereinflüssen gegenüber der Vorjahresperiode verdoppeln. Das Wachstum sei vor allem in Asien und Südamerika stark, so der Vorstandssprecher, während sich Nordamerika langsam erhole. Nur Europa komme noch nicht richtig in Schwung.

Dass Griechenland, an das sich Deutschland mittels Euro gekettet hat, in eine mindere Kategorie fällt, geht schon daraus hervor, dass die schwerste Aktie an der Athener Börse für die Herstellung von Limonade steht: die *Coca-Cola Hellenic Bottling*.

In einer EU als Freihandelszone und ohne Zentralisierung und Umverteilung wäre das Gefälle zwischen dem Zentrum und der Peripherie weniger schlimm. Schädlich wird die EU erst dadurch, dass sie zentralisiert, nivelliert, interveniert und transferiert.

Die Union arbeitet an einer allgemeinen Annäherung an den Durchschnitt. Nicht die Schwachen sollen besser werden, sondern die Besseren schwächer. Angesichts der deutschen

Exportüberschüsse verlangte die französische Wirtschaftsministerin Christine Lagarde doch tatsächlich, Deutschland solle weniger exportieren. Als ob das von oben angeordnet werden könnte.

Selbstordnung oder zentrale Kontrolle, so nannte Lüder Gerken, Vorsitzender des Centrums für Europäische Politik, die Wahl, vor der Europa steht. Die EU-Granden haben sich schon entschieden: für die zentrale Kontrolle. Auf jede Krise, jede Verschärfung der inhärenten Spannungen in der EU und der Eurozone reagieren sie mit mehr Einschnürung, mehr Unifizierung, mehr Intervention.

Schwierig ist es, keine Satire zu schreiben. Da beschloss Brüssel im Jahr 2000 eine sogenannte Lissabon-Strategie und nach Politbüro-Art einen Zehnjahresplan, der die EU zum »wettbewerbsfähigsten, wissensbasierten Wirtschaftsraum« der Welt machten sollte. Nichts davon wurde erreicht, auch 2010 bleibt das damals angestrebte Wirtschaftswachstum von drei Prozent ein bloßer Wunschtraum.

Anstatt zu analysieren, warum das Vorhaben misslungen ist, rückte Kommissionspräsident José Manuel Barroso im März 2010 mit einer »Wachstumsstrategie 2020« heraus. Auf den Punkt genau beschloss er, wie hoch die Beschäftigungsquote bis 2020 zu sein hat, welchen Anteil am BIP die Forschungsausgaben ausmachen sollen, wie viele junge Europäer einen Universitätsabschluss haben müssen und dass innerhalb von zehn Jahren 20 Millionen Europäer weniger von Armut bedroht sein sollen.

Hinter Barrosos planwirtschaftlichen Fantasien verbergen sich der Machtwille der Bürokratie und das Fernziel einer europäischen Wirtschaftsregierung, die von Paris schon lange angestrebt wird – eine Koordinierung und weitgehende Gleichschaltung der Wirtschafts-, Finanz- und Lohnpolitik.

Die Planwirtschaftler begreifen nicht, dass Prosperität nur die richtigen Rahmenbedingungen braucht, um sich zu entfalten, und dass nicht die Europäische Union als solche Probleme hat, sondern immer nur einzelne Länder, Branchen und Unternehmen. Da hilft nur eigenverantwortliches Handeln. Da gibt es nichts zu integrieren.

Freilich war vorauszusehen, dass das Scheitern der Währungsunion den Versuch provozieren musste, einen europäischen Finanz- und Wirtschaftsausgleich auf den Weg zu bringen. Wenn schon der monetäre Wettbewerb uneuropäisch war, warum sollte dann der wirtschaftliche nicht auch eingeebnet werden.

Mai 2010: der Sündenfall

Im Frühjahr 2010 bestand die unmittelbare Gefahr nicht darin, dass die südeuropäischen Schuldner bankrottgehen würden (es wurde ja rechtzeitig interveniert), sondern darin, dass sich der Euro über Nacht in eine andere Währung verwandeln würde – von einem scheinbaren *Alter Ego* der Deutschen Mark zu einer romanischen Weichwährung.

Genau dies geschah innerhalb weniger hektischer Tage Anfang Mai. Die endgültige Entscheidung fiel in den Morgenstunden des 10. Mai, eines Montags, noch bevor die Finanzmärkte in Europa aufmachten.

Am Freitag, den 7. Mai, sah es für den Zeitungsleser noch so aus, als sei der Euro zwar angeschlagen, aber nicht definitiv beschädigt, als sei mit der Griechenland-Hilfe die größte Kröte geschluckt worden.

Ebenfalls am 7. Mai unternahmen fünf deutsche Professoren einen verzweifelten Versuch, die finanzielle Integrität Deutschlands zu retten, die Grundrechte der Deutschen zu schützen und das Land vor unabsehbarem Schaden zu bewahren.

Die Herren Hankel, Schachtschneider, Nölling, Starbatty

und Spethmann reichten beim Bundesverfassungsgericht Verfassungsbeschwerde ein und beantragten den Erlass einer Einstweiligen Anordnung, mittels derer der Bundesrepublik Deutschland untersagt werden sollte, der Hellenischen Republik Finanzhilfe zu gewähren.

Als Professor Karl Albrecht Schachtschneider als Bevollmächtigter das Schriftstück in Karlsruhe ablieferte, hatte der Bundestag gerade um zwölf Uhr das Ermächtigungsgesetz verabschiedet. Die Zustimmung des Bundesrates fehlte noch, sie wurde um 14.30 Uhr nachgeliefert.

Unter dem Titel »Gewährleistungsermächtigung« hieß es in Paragraf 1: »Das Bundesministerium der Finanzen wird ermächtigt, Gewährleistungen bis zur Höhe von insgesamt 22,4 Milliarden Euro für Kredite an die Hellenische Republik zu übernehmen.«

Drei Tage später kamen die 22,4 Milliarden den Abgeordneten schon wie Peanuts vor. Die Begründung der Professoren, dass durch die Finanzhilfen für Hellas ein *fait accompli* geschaffen werde und dass dann weitere Finanzhilfen für andere Euro-Mitglieder folgen würden, sollte sich als vollständig richtig erweisen.

Noch am 7. Mai lehnte Karlsruhe zwar nicht die Verfassungsbeschwerde als solche, aber den Antrag auf Einstweilige Anordnung als »unbegründet« ab und gab damit der Bundesregierung grünes Licht. Der Beschluss der Euro-Länder vom 2. Mai, bis zu 70 Milliarden für Griechenland bereitzustellen, davon 30 Milliarden im ersten Jahr, war damit sanktioniert. Die 22,4 Milliarden, die auf die Bundesrepublik entfielen, entsprachen dem deutschen Anteil am Kapital der Europäischen Zentralbank.

Obwohl in der ersten Maiwoche de facto bereits feststand, dass Griechenland noch nicht bankrottgehen würde, blieben die hellenischen Anleihen unter massivem Verkaufsdruck und mit ihnen die Aktien der europäischen Banken, die Athen

Geld geliehen und damit für eine jahrelange trügerische Ruhe im Euroraum gesorgt hatten.

Am Donnerstag, den 6. Mai, war die Börse in New York eingebrochen. Der *Dow Jones* verlor zeitweise 1000 Punkte. Die Euro-Krise begann die USA zu infizieren, was sich daraus erklärte, dass die amerikanischen Banken bei der europäischen Konkurrenz mit 3,6 Billionen Dollar exponiert waren. US-Geldmarktfonds, die eben auch an europäische Großbanken ausgeliehen hatten, begannen zu kriseln. Das hässliche Wort vom »Systemrisiko« machte an der Wall Street wieder einmal die Runde. Es war nicht einmal zwei Jahre her, dass das westliche, dollarbasierte Finanzsystem mit dem Untergang von *Lehman Brothers* um ein Haar kollabiert wäre.

Amerikanischer Druck spielte in diesen Tagen vielleicht nicht die entscheidende, aber doch eine wichtige Rolle. Am Sonntag, den 9. Mai, telefonierte Präsident Obama von Virginia aus zuerst mit Angela Merkel und drei Stunden später mit Nicolas Sarkozy. Obama forderte ein massives Rettungspaket. Nachdem beide Obamas Botschaft vernommen hatten, telefonierten sie miteinander. Dabei soll erstmals die Summe von 500 Milliarden gefallen sein.

Innerhalb weniger Stunden bekamen die Amerikaner, was sie wollten – und die Franzosen auch. Die *New York Times* formulierte es am 10. Mai ganz unsentimental so: »In diesem Prozess bewegte sich die EU unter Krisenbedingungen sprunghaft in Richtung von mehr Zentralisierung, in Richtung einer französischen Vision einer Wirtschaftsregierung für die Region.«

Noch ein Jahr zuvor hatte es so ausgesehen, als sei der Status des Dollar als Weltreservewährung bedroht, als könne der Euro zu einem gefährlichen Konkurrenten aufsteigen. Jetzt hatte Washington das bisher Unvorstellbare geschafft: Über den Internationalen Währungsfonds, in dem sie eine Sperrminorität besitzen, haben die USA fortan einen Fuß in der Tür der Europäischen Währungsunion. Sie sind dabei und kontrollieren mit, wenn Griechenland und andere Mittelmeerländer unter Kuratel gestellt werden. Sie dürfen mit darüber abstimmen, welche Kredite der IWF an wen unter welchen Bedingungen gewährt.

750 Milliarden: die Notstandsmaßnahmen

Und so sahen die Notstandsmaßnahmen aus, die die Euro-Finanzminister ohne den Deutschen Schäuble, der in einem Brüsseler Krankenhaus lag, in den frühen Morgenstunden des 10. Mai beschlossen:

Erstens werden aus dem Gemeinschaftshaushalt der Union bis zu 60 Milliarden bereitgestellt. Damit wächst der Einfluss der Kommission, und zusätzlich erhält sie zusammen mit dem IWF das Recht, die Sparprogramme zu beaufsichtigen.

Da die EU die 60 Milliarden nicht flüssig hat, müssen sie in Form von EU-Anleihen am Kapitalmarkt aufgenommen werden. Auf diese Weise wurden vorher schon 50 Milliarden Euro besorgt, um anderen EU-Mitgliedern wie Ungarn zu helfen, die nicht der Währungsunion angehören und die Zahlungsbilanzschwierigkeiten hatten.

Auch hinter dem 60-Milliarden-Paket steht die gesamte EU mit ihren 26 Mitgliedern. Falls die Kredite nicht zurückgezahlt werden können, haften die Staaten gemäß ihrem Anteil am EU-Haushalt – sofern sie dann überhaupt noch zahlen können. Regulär wäre der deutsche Steuerzahler mit 20 Prozent bzw. zwölf Milliarden Euro im Obligo.

Zweitens wird eine Zweckgesellschaft (*special purpose vehicle*) gegründet, die sich im Bedarfsfall verschulden wird, um anschließend die Kredite an die notleidenden Länder weiterzuleiten. Mit der Gründung derartiger Zweckgesellschaften hatte es der jetzige Staatssekretär im Bundesfinanzministerium, Jörg Asmussen, in den Jahren vor der großen Finanzkrise den deutschen Banken ermöglicht, deutsche Spargelder in amerikanische Schrottimmobilien zu stecken und das Risiko außerhalb der eigenen Bilanz zu verbergen.

Die neue EU-Zweckgesellschaft kann bis zu 440 Milliarden Euro aufnehmen und verteilen. Die Garantie übernehmen die Euro-Staaten. Die deutsche Beteiligung beläuft sich auf 122,8 Milliarden.

Es kann allerdings auch mehr werden. Denn die Bundesregierung hat eine »Sicherheitsreserve« von 20 Prozent für den Fall eingebaut, dass sich zum Beispiel Portugal und Spanien an der Zweckgesellschaft und damit an den 440 Milliarden nicht beteiligen können. Dann erhöht sich der Betrag, für den Deutschland haftet, auf 148 Milliarden – ohne dass der Bundestag noch einmal gefragt werden muss.

Außerdem ist der IWF mit bis zu 250 Milliarden im Boot, er hatte allerdings zunächst noch keine bindende Zusage gegeben. Es war ein persönlicher Triumph für den IWF-Direktor Dominique Strauss-Kahn. Er hegt Ambitionen auf die Nachfolge von Sarkozy.

Der Internationale Währungsfonds selbst musste in den Jahren vor der Finanzkrise befürchten, arbeitslos und überflüssig zu werden. Jetzt gelangte er wieder zum Einsatz. Über die deutsche IWF-Quote ist selbstverständlich auch Berlin an den 250 Milliarden beteiligt.

Weitere Belastungen in unbekannter Höhe könnten auf Deutschland wegen der Aufkäufe von riskanten Anleihen durch die EZB zukommen. Wenn diese abgeschrieben oder ausgebucht werden müssen, droht der EZB die Insolvenz. Da aber eine Notenbank praktisch nicht pleitegehen kann oder darf, müsste Kapital nachgeschossen werden. Auch daran wäre die Bundesrepublik bzw. die Bundesbank gemäß dem deutschen Anteil am EZB-Kapital beteiligt. Somit hat der Bundestag, als er das Ermächtigungsgesetz im Mai durchwinkte,

einen Blankoscheck zulasten des deutschen Steuerzahlers aus-
gestellt, um den Euro zu »retten«.

Der Bluff war ein klein wenig vergleichbar mit der Garantie, die die Bundeskanzlerin 2008 öffentlich für alle Spargut-
haben in Deutschland abgab. Genau genommen garantierten
die Sparer für ihre Guthaben selbst, also garantierte niemand.

Gerade noch schien der eine oder andere Staatsbankrott
bevorzustehen, schon war er abgewendet – mit einem Tsuna-
mi an Geld, der im Handumdrehen jederzeit ausgelöst werden kann, seitdem die Währungen durch nichts mehr gedeckt
sind. 750 Milliarden Euro: Eine solche Summe zur Stabilisie-
rung einer Währungszone war bis dahin unvorstellbar.

Auf dem Schlachtfeld blieb ein großer Verlierer: Jean-
Claude Trichet und mit ihm das Prestige und die Unabhängigkeit der Europäischen Zentralbank. Am 10. Mai wurde sie
einerseits auf das professionelle Niveau des amerikanischen
Federal Reserve System und der *Bank of England* herunter-
gezogen und andererseits als EU-Organ vereinnahmt und
politisiert. Die verbale Degradierung der EZB zu einem Organ der Europäischen Union im Lissabon-Vertrag war kein
Lapsus gewesen.

Als die EZB lernte, Geld zu drucken

Für Notenbanker existiert eine Grenze, die sie nicht überschreiten dürfen, wenn sie ihrem Auftrag der Geldwertstabi-
lität treu bleiben wollen. Sie dürfen kein Geld »drucken«.
Damit ist gemeint: Sie dürfen zwar Staatsanleihen als Sicherheit, als Pfand, für die Kreditgewährung an Banken kurzfristig hereinnehmen, sie dürfen diese aber nicht in eigener Regie
kaufen.

Schon im Vorfeld der Hyperinflation von 1923 hatte die
Reichsbank in immer größeren Mengen Anleihen der Berli-

ner Regierung gekauft. Eine derartige Methode der Defizitfinanzierung ist tatsächlich verlockend und fast schon genial. Der Staat verschuldet sich bei seiner Notenbank, da die Notenbank aber ein staatliches Institut ist, verschuldet sich der Staat sozusagen bei sich selbst. Er ist Gläubiger und Schuldner zugleich. Praktiziert wird nicht eine externe Verschuldung, die Abhängigkeit vom Ausland schafft, sondern eine interne Verschuldung, die im Prinzip sehr lange fortgesetzt werden kann. Die Regierung zahlt Zinsen an die Notenbank, diese erwirtschaftet entsprechende Gewinne und überweist sie anschließend an die Regierung.

Das funktioniert so lange, bis die Inflation der Geldmenge auch die Preise zu inflationieren beginnt und das Publikum den Betrug durchschaut. Dann steigen die Inflationserwartungen und mit ihnen die Preisinflation, und am Ende des Prozesses kehrt das Geld zu seinem inneren Wert zurück, zum Papierpreis nämlich – oder zum Preis der Baumwolle, aus der der Euro fabriziert wird.

So weit ist es noch lange nicht, aber der erste Schritt ist getan. Den Vorreiter spielten die beiden angelsächsischen Notenbanken, die *Federal Reserve* und die *Bank of England*, indem sie Regierungsanleihen direkt erwarben.

Am 10. Mai 2010 übernahm die EZB die fatale Praxis. Nach Angaben von Händlern kaufte sie an diesem Montag, nur Stunden nach der Konferenz der Finanzminister in Brüssel, griechische, portugiesische, spanische und italienische Staatsanleihen am Kapitalmarkt.

Deren Kurse stiegen und die der deutschen Bundesanleihen fielen. Das ist völlig verständlich, denn wenn die deutsche Garantie für PIGS-Anleihen ernst gemeint war, waren sie im Prinzip nicht sehr viel weniger wert und nicht übermäßig riskanter als deutsche Staatsanleihen. So funktioniert die Angleichung in einer europäischen Schuldenunion.

Die höheren Zinsen, die Deutschland künftig selbst zu

zahlen hat, müssen zusätzlich auf die Rechnung gesetzt werden.

Bleibt die Frage, wie weit es die EZB treiben will. Die *Bank of England* hatte immerhin 200 Milliarden Pfund an die Regierung überwiesen, das waren 25 Prozent der ausstehenden Staatsanleihen. Das 2010 unterbrochene Kaufprogramm der *Federal Reserve* nahm sich bescheidener aus. Die US-Notenbank druckte Geld im Umfang von 300 Milliarden Dollar bzw. fünf Prozent der umlaufenden *Treasury*-Papiere.

Die Monetarisierung von Euro-Staatsschulden und damit die Vermischung von Geld- und Fiskalpolitik – ein skandalöses Novum – war Teil des Deals vom 10. Mai. Dass der Maastrichter Vertrag, der genau dies verbietet, schon wieder ausgehebelt wurde, störte niemanden. »Wir sind völlig unabhängig«, verkündete ein hilfloser Trichet am 10. Mai, als er gerade bei der Bank für Internationalen Zahlungsausgleich in Basel, der Bank der Notenbanken, vorbeischaute.

Da nahm das schon niemand mehr ernst. Noch nie hatte ein Notenbankchef in so kurzer Zeit eine so radikale Kehrtwende vollzogen und die Prinzipien seiner Behörde so schnell verraten und der politischen Opportunität geopfert.

Noch auf der monatlichen geldpolitischen Sitzung der EZB im März 2010 hatte Trichet bilaterale Finanzhilfen an einzelne Euro-Länder abgelehnt. Wer die Stabilitätskriterien nicht erfülle, werde eben vom Markt bestraft. Ebenfalls noch im März bezeichnete Trichet IWF-Kredite an Athen als »nicht angebracht«.

Nach der April-Sitzung trat dann ein anderer Trichet vor die Presse. In Anpassung an den politischen Jargon nannte er die Währungsunion nun plötzlich eine »Schicksalsgemeinschaft« und verabschiedete sich von der Philosophie der Stabilitätsgemeinschaft.

Seitdem ist der Wert der Marke Euro zerstört. Als solide Alternative zum Dollar, als Fortsetzung der D-Mark mit anderen Mitteln und als »stabiles« Geld einer unabhängigen Notenbank kann er nun nicht mehr verkauft werden. Schicksalsgemeinschaft ist nichts als ein anderes Wort für Schuldengemeinschaft.

Und dieser stehen noch große Zeiten bevor, es gibt noch viel zu tun. Nach einer Aufstellung der *Bank of America* benötigen die vier PIGS-Länder bis 2013 an die zwei Billionen Dollar, davon 1,1 Billionen für Schuldenrückzahlungen und 0,8 Billionen zur Deckung der laufenden Haushaltsdefizite. Hinzu kommt der gigantische Finanzbedarf der restlichen EU, auch Deutschlands und Frankreichs, die ja ebenfalls weit von soliden Staatsfinanzen entfernt sind.

Niemand weiß, wie lange die Steuerzahler der Geberländer das böse Spiel ertragen oder wie lange sich die Empfängerländer dem Spardiktat des IWF und dem Souveränitätsverlust fügen werden.

Der 10. Mai war nur das Ende vom Anfang der Krise.

Da hatte Trichet bereits seine Zusicherung vom 6. Mai kassiert, dass die EZB keinen »direkten Ankauf« von Staatsanleihen plane. Der Kauf von griechischen Staatsanleihen sei eine Option, über die in der EZB nicht einmal diskutiert werde.

Wenig später war in Frankfurt zu hören, die Staatsanleihen würden ja nicht direkt von den Regierungen gekauft, sondern am offenen Markt. Haarspalterei? In beiden Fällen pumpt die EZB frisches Geld in den Kreislauf. Aber das könne doch an anderer Stelle wieder abgesaugt und »sterilisiert« werden, versprach die EZB.

Tatsächlich nutzten die Geschäftsbanken das großzügige Angebot, um ihre Südeuropa-Anleihen bei der EZB abzuladen. Die Schulden verschwanden nicht, sie lagen nur woanders. Auch das war nicht neu. Seit dem Ausbruch der großen Finanzkrise besteht die Methode darin, die heiße Kartoffel weiterzureichen. Zuerst von den Banken und Versicherungs-

konzernen in den USA und in Europa an den jeweiligen
Staatshaushalt und 2010 von den klammen südeuropäischen
Regierungen an die noch solventen nordeuropäischen.

In den Jahren vor 2008 hatten es die US-Banken in ähnli-
cher Manier geschafft, die heiße Kartoffel ihrer dubiosen
Immobilienkredite zu verbriefen und sie, versehen mit einem
betrügerischen Etikett, geistig behinderten Auslandsbanken
vom Typ *Hypo Real Estate* in die Hand zu drücken.

Euro-Land versinkt im Schuldensumpf

Der Bürger, Steuerzahler und Anleger muss im eigenen Interesse endlich begreifen, dass der Informationswert und der
Wahrheitsgehalt offizieller Äußerungen in der Regel gegen
null tendieren. Schwer auszumachen ist im Einzelfall, ob Täuschung oder Selbsttäuschung überwiegt. So behauptete Trichet
am 6. Mai, als er den Ankauf von Staatsanleihen noch aus-
schloss, dass Staatsbankrotte im Euroraum »unmöglich« seien.

Zu diesem Zeitpunkt war Griechenland bereits bankrott,
wenn man darunter die Unfähigkeit eines Landes versteht, am
Kapitalmarkt neue Schulden aufzunehmen. Die in solchen
Fällen übliche Prozedur würde darin bestehen, dass Athen im
dafür zuständigen Londoner Club mit seinen Gläubigern über
einen Schuldenerlass verhandelt und dann abwertet und zu
diesem Zweck aus der Währungsunion austritt.

Stattdessen wurde Griechenland erlaubt, sich weiter zu
verschulden, allerdings nicht mehr am Kapitalmarkt, weil der
versperrt war, sondern auf dem Umweg über Kreditgarantien
bei anderen europäischen Steuerzahlern.

Unterstützt wurde die Lösung, die keine ist, von der
EU-Kommission und von denjenigen Euro-Mitgliedern, die
selbst befürchten mussten, früher oder später in eine ähnliche

Situation zu geraten. Sie haben übrigens auch im Zentralbankrat der EZB die Mehrheit.

So versinkt Euro-Land in einem Sumpf von Schulden, Dirigismus und wirtschaftlicher Stagnation. Mit immer neuen Rettungspaketen, zuletzt mit den besagten 750 Milliarden Euro, werden alte Schulden nicht zum Verschwinden gebracht, sondern in neue verwandelt, ohne dass jemand die geringste Ahnung hat, wie sie zurückgezahlt werden sollen.

Vielleicht hält Griechenland mithilfe von EU, IWF und EZB zwei oder drei Jahre durch, aber dann wird der Bankrott weitaus teurer, als dies 2010 der Fall gewesen wäre, denn bis dahin ist der Schuldenberg noch viel höher. Gewählt wurde im Mai 2010 die kostspieligste Alternative.

Die Fähigkeit der Staatsapparate und ihrer Notenbanken, das Unvermeidliche hinauszuschieben, darf man nicht unterschätzen. Ein selbstzerstörerisches, aber auch erfindungsreiches Geldsystem macht es möglich, Schulden und Geldmengen nahezu beliebig auszuweiten. Aber um welchen Preis?

Es ist nur eine Frage der Zeit, bis auch deutsche Bundesanleihen, die bislang als absolut sicher galten, unter Druck geraten. Die Länder der Euro-Zone und damit auch deren Rentenmärkte bilden schließlich neuerdings eine Schicksalsgemeinschaft. Steigende langfristige Zinsen bremsen dann das Wirtschaftswachstum und berauben die Eurozone damit der einzigen reellen Chance, der Schuldenfalle zu entkommen.

Wie schnell der Euro nach außen abwerten wird, lässt sich schwerer beurteilen, weil ungedeckte Währungen nur relative Größen sind und weil auch der Dollar alles andere als eine gesunde Währung ist. Die Euro-Krise 2010 hat den Amerikanern einen Vorteil verschafft. Wenn sie ihn nutzen und von neuen Finanzkatastrophen verschont bleiben, drohen dem Euro der Rutsch unter die Parität zum Dollar und die Rückkehr zu den tiefen Kursen von 1999. Dies wiederum würde die Importe verteuern und die Inflation schüren.

Das soll allerdings nicht als Plädoyer für den US-Dollar verstanden werden. Eine um zwei oder drei Mitglieder abgespeckte Europäische Währungsunion stünde finanziell besser da als die USA, als Großbritannien oder als Japan.

Im Jahr 2009 verbuchte Washington rund 2,1 Billionen Dollar an Einnahmen und gab über drei Billionen aus! Japan musste mehr an neuen Schulden machen, als die Steuereinnahmen einbrachten! Das britische Staatsdefizit lag mehr oder weniger auf derselben Höhe wie das griechische! Es ist durchaus denkbar, dass sich die Aufmerksamkeit der Devisenmärkte zur Abwechslung auch einmal auf das Risiko eines Staatsbankrotts in Übersee richtet. Schwer angeschlagen ist nicht nur die Eurozone, sondern das gesamte westliche Banken-, Finanz- und Geldsystem.

Der Weg in die Inflation

Das wahrscheinlichste Szenario für die kommenden Jahre ist eine Kombination von einzelnen Staatsbankrotten, das heißt Umschuldungen, und einer zunächst moderaten, dann schneller zunehmenden Preisinflation – vielleicht auf Raten in Höhe von zehn Prozent oder mehr. Sicher ist nur, dass versucht werden wird, zu inflationieren und die Schulden zulasten der Gläubiger zu entwerten – eine aus Sicht der politischen Eliten attraktive Alternative zum offenen Staatsbankrott.

Aus der Finanzgeschichte wissen wir, dass alle bisherigen Hyperinflationen durch übergroße Staatsdefizite verursacht wurden und – ebenso wichtig – dass diese nur zu einem kleinen Teil am Kapitalmarkt finanziert werden konnten.

Die Monetarisierung der Staatsschulden durch die Notenbank charakterisierte nicht nur jede große Inflation der Vergangenheit, sie war auch die Voraussetzung dafür. Mit der Entscheidung, südeuropäische Staatsanleihen aufzukaufen, hat die EZB ein Tabu gebrochen und den Weg der systematischen Geldentwertung beschritten. Sie hat freilich immer noch die Option, den Schaden zu begrenzen, indem sie das Kaufprogramm nicht übermäßig ausdehnt oder ganz beendet.

In welchem Ausmaß inflationiert werden wird, hängt ab vom Ausgang der Machtkämpfe innerhalb der EZB und vielleicht auch davon, wer Ende 2011 die Nachfolge Trichets antritt. Als der EZB-Rat in der Nacht zum 10. Mai in einer Telefonkonferenz über den Ankauf von Staatsanleihen beriet, fiel die Entscheidung nicht einstimmig – wie sonst üblich –, sondern »mit überwältigender Mehrheit«, wie Trichet wissen ließ.

Da Bundesbankpräsident Axel Weber kurz darauf mitteilte, der Ankauf berge »erhebliche stabilitätspolitische Risiken«, können wir annehmen, dass er dagegen gestimmt hat.

Wie aus Berlin zu hören ist, würde die Bundesregierung ihn gerne als Nachfolger von Trichet durchsetzen. Als Gegenkandidat wurde bisher der italienische Notenbankchef Mario Draghi, der früher für *Goldman Sachs* gearbeitet hat, gehandelt. Im Mai kursierte sogar das Gerücht, Berlin habe als Gegenleistung für die Mega-Kredite den Posten für Weber verlangt. Die eher harte Linie, die Weber vertritt, kann ihm schaden – oder auch nützen. Wie die Personalentscheidung letztlich ausfällt, wird ein brauchbares Indiz für das Ausmaß der kommenden Geldentwertung sein.

So oder so wurde die Saat für eine höhere Inflation im Mai 2010 gelegt: mit der Entscheidung, das Gesundschrumpfen der Eurozone zu verhindern, mit dem Ankauf von Staatsanleihen durch die EZB und der daraus resultierenden Verlängerung und Verschlechterung ihrer Bilanz sowie mit der Umwandlung der Währungsunion in eine Haftungsgemeinschaft.

Indem sie sich entschieden, um jeden Preis die monetäre Integration zu verteidigen, verrieten die Berliner Politiker die deutsche Geldtradition, wie sie sich nach zwei verlorenen

Kriegen und zwei Währungsreformen als demokratischer Konsens herausgebildet hatte.

Wann die giftige Saat aufgehen würde, war im Frühjahr 2010 nicht abzusehen. Noch stagnierten die breite Geldmenge M3 und die Vergabe von Bankkrediten an den privaten Sektor, noch signalisierten die abnorm tiefen Renditen deutscher Bundesanleihen keine unmittelbare Gefahr. In der Öffentlichkeit wurde viel über Inflation geredet, aber der Markt für Anleihen gab noch keine Warnung. Die Angst vor der Geldentwertung war nicht unberechtigt, aber verfrüht.

Die D-Mark als Ultima Ratio

Als dieses Buch im Juni 2010 abgeschlossen wurde, war der Euro so, wie er früher einmal konzipiert wurde, gescheitert. Aus den Gründen, die ich dargelegt habe, war die Europäische Währungsunion von Anfang an ein Experiment mit ungewissem Ausgang, ein europäisches Vabanque-Spiel. Der Euro hätte eine Chance gehabt, wenn die drei Säulen, auf denen er ruhte, gehalten hätten: der Stabilitätspakt mit den Schuldengrenzen, der Haftungsausschluss der Euro-Staaten untereinander und die Unabhängigkeit der Europäischen Zentralbank. Alle drei Prinzipien wurden geopfert, als der Euro mit der ersten großen Krise seit seiner Gründung konfrontiert war.

In einigen Jahren, noch in diesem Jahrzehnt, werden wir uns in einer anderen währungspolitischen Landschaft wiederfinden. Ein vorstellbares Szenario unter mehreren möglichen hat Philip Plickert am 15. Mai 2010 in der *Frankfurter Allgemeinen Zeitung* entworfen. Es sieht so aus: Griechenland rutschte von der Rezession in die Depression, die Arbeitslosenquote kletterte auf 20 Prozent, die Defizite stiegen weiter anstatt zu fallen, im Sommer 2011 trat der griechische Finanzminister zurück, und 2013, als das erste Hilfsprogramm der EU auslief, verkündete Athen von sich aus den Staatsbankrott. Vorher schon hatte die Regierung in vertraulichen Verhandlungen mit ihren Gläubigern einen Kapitalschnitt in Höhe von 30 Prozent ausgehandelt.

Die europäischen Banken, so das Szenario, konnten den Verlust wegstecken, denn sie hatten nach und nach den größeren Teil ihrer Südeuropa-Anleihen der EZB untergeschoben. Dort war Ende 2011 auf den Franzosen Trichet der Italiener Draghi als neuer Präsident gefolgt. Berlin hatte Axel Weber gegen den Widerstand der Südeuropäer nicht durchsetzen können. 2012 wurde Dominique Strauss-Kahn zum französischen Präsidenten gewählt; er hatte bereits als IWF-Direktor mit höheren Inflationszielen geliebäugelt. Die Anleger in der Eurozone richteten sich auf eine schnellere Geldentwertung ein.

Unterdessen formierte sich in Deutschland eine neue Protestpartei. Sie erreichte in Umfragen zweistellige Prozentsätze. Als das Bundesverfassungsgericht schließlich doch der Bundesregierung untersagte, weitere Steuermilliarden in die Währungsunion zu stecken, begann die Suche nach Alternativen. Gegen Ende des Jahrzehnts beschlossen Deutschland, Österreich, die Benelux-Staaten und Finnland, eine eigene Währungsunion zu bilden. Auch die Tschechen und Polen traten dem Block bei. Die Hartwährungsunion wertete auf, der Rest der alten Eurozone – die Weichwährungsländer – wertete ab.

So weit dieses Szenario, das den Vorteil eines relativ gnädigen Ausgangs hat. Vorstellbar ist auch eine weniger angenehme Entwicklung: dass die politische Klasse fanatisch und zu lange an der Euro-Fiktion festhält, dass Deutschland finanziell ausblutet, dass Vermögensabgaben auf Bankkonten und Immobilien erhoben werden, dass den Sparern eine Enteignung durch Inflation bevorsteht, dass die Bundesanleihen einbrechen und damit die Lebensversicherungen entwertet werden, dass mit der Umwandlung der Währungsunion in eine Transfergemeinschaft Einkommen und Lebensstandard auch in Deutschland auf Dauer dezimiert werden, dass die EU zu einem Raum der Rechtsunsicherheit und Unfreiheit degeneriert.

Dreimal in den vergangenen hundert Jahren wurden die Deutschen von Währungsreformen heimgesucht: 1914, als bei Kriegsausbruch der Goldstandard aufgegeben wurde, 1923, als sie alles verloren, und 1948, als von den Geldguthaben weniger als zehn Prozent übrig blieben. Mit einer neuerlichen Währungsreform noch in diesem Jahrzehnt müssen wir nicht rechnen. Dafür ist der staatliche Schuldenstand noch nicht hoch genug, dafür fehlt in Deutschland die Auslandsverschuldung, die einen Schnitt erzwingen würde.

Roland Leuschel und Claus Vogt, die das inflationäre System des ungedeckten Papiergeldes für gescheitert halten, können sich allerdings vorstellen, dass der Goldstandard wieder eingeführt wird und dass bereits im Jahr 2014 100 alte Euro in einen neuen Gold-Euro eingetauscht werden.

Darüber kann man spekulieren, besonders überzeugend ist ein solcher Zeitplan nicht. Richtig daran ist dennoch, dass die Rückkehr zur Goldbindung die eigentliche Alternative zu einem Geldsystem darstellt, das Wohlstand vernichtet, Krisen produziert, Kriege finanziert und eine beängstigende Machtkonzentration in wenigen Händen ermöglicht.

Die für die politische Klasse am ehesten akzeptable Alternative bestünde darin, den Euro beizubehalten, nachdem er schon einmal da ist, und parallel dazu die nationalen Währungen wieder einzuführen – zunächst als Buchgeld, dann nach einer Übergangszeit als Bargeld. Anschließend kann der Markt entscheiden, welches Geld sich durchsetzt, welches sich besser zur Wertaufbewahrung eignet und in welchem die Exporte und die anderen Zahlungen abgewickelt werden. Damit würden auch die Südeuropäer die Flexibilität zurückgewinnen, die sie brauchen, um sich wirtschaftlich zu sanieren.

Für Deutschland stellt die D-Mark eine *Ultima Ratio* dar, die von der Bundesbank insgeheim nie völlig ausgeschlossen wurde, aber für das politische Establishment immer noch als undenkbar gilt.

Unsere Eliten fürchten den deutschen Sonderweg mehr als den gemeinsamen Untergang.

Der politische Wille, der ökonomischen Vernunft zu trotzen und am Euro – koste es, was es wolle – festzuhalten, darf nicht unterschätzt werden. Das eigentliche Risiko für die in Europa herrschende Schicht besteht in einer Revolte der Völker. Diese wurden zwar mit dem Maastrichter und dem Lissabonner Vertrag ebenso mundtot gemacht wie das deutsche Parlament im Mai 2010 mit dem törichten Argument der Alternativlosigkeit. Aber wer weiß schon, wann Resignation und Wut umschlagen in Rebellion. Demokratien sind auf Dauer nicht immun gegen den Volkswillen, Diktaturen übrigens auch nicht.

Manchmal produziert die Geschichte ganz überraschend einen qualitativen Sprung von der ökonomisch-monetären Misere hin zu einer neuen politischen Landschaft. So war es mit der Französischen Revolution und zuletzt auch mit dem Zusammenbruch des Sowjetblocks.

Die letzten Jahre des Euro als scheinbar stabile Währung liegen hinter uns. Die letzten Jahre der Schuldenunion haben gerade erst begonnen.

Nachwort: Was tun?

Anlagetipps kann und darf ein Buch nicht geben. Zum einen, weil Beschleunigung ein Charakteristikum der Krise ist und weil sich die Situation in ein oder zwei Jahren ganz anders darstellen kann als heute. Zum anderen, weil Konzept und Ziele der Anlagepolitik individuell zugeschnitten sein müssen – nach Alter, Beruf, Mentalität, Größe und Struktur des vorhandenen Vermögens.

Immer aber müssen das nötige Basiswissen und ein Grundverständnis davon vorhanden sein, wie Finanzmärkte funktionieren, was von den einzelnen Anlageklassen erwartet werden darf und was nicht.

Erstens: Unterliegen Sie nicht der Geldillusion. Was zählt, ist nicht der nominale Zuwachs des Portfolios, sondern der reale, das heißt der inflationsbereinigte. Bei einer jährlichen durchschnittlichen Inflationsrate von einem Prozent sinkt die Kaufkraft von 10 000 Euro innerhalb von 40 Jahren auf 6600, bei drei Prozent Inflation auf nur noch 2900 – sollte der Euro dann überhaupt noch existieren. In Krisenzeiten die Kaufkraft zu erhalten ist bereits eine beachtliche Leistung.

Zweitens: Merken Sie sich, die Bank ist nicht Ihr Freund, pflegte André Kostolany zu sagen. Merken Sie sich, möchte ich hinzufügen: Der Staat ist nicht Ihr Freund. Die gefährlichste Bedrohung des Eigentums geht in diesen Jahren vom Staat aus. Politiker lügen und täuschen. Sie sind Spezialisten darin, Macht zu erwerben und zu erhalten. Ausnahmen bestätigen die Regel. Ein Großteil dessen, was die politische Klasse tut, ist schädlich und kontraproduktiv. Der Euro ist dafür das beste Beispiel.

Drittens: Meiden Sie Modetrends, halten Sie Ihr Portfolio übersichtlich und einfach. Die Bausteine sind Liquidität, Aktien, Anleihen, Gold und Immobilien. Zertifikate, Derivate und Schulden brauchen Sie nicht. Daran verdient in erster Linie die Bank. Von wenigen Ausnahmen abgesehen, schneiden Fonds nicht besser ab als der Markt, und sie können im Ernstfall geschlossen werden. Dann kommen Sie eine Zeit lang nicht an Ihr Geld.

Außerdem: Leisten Sie sich eine gute Tageszeitung oder auch einen seriösen Informationsdienst. Die selektieren für Sie die Nachrichten, ordnen ein und analysieren. Das kann das Internet, wo zu viel Müll abgestellt wird, nicht leisten.

Nun zu den Vor- und Nachteilen der Anlageklassen:

Liquidität

Geld, das jederzeit greifbar und nicht investiert ist. Besonders wichtig in der Krise, weil deren Verlauf unkalkulierbar ist und jederzeit mit Überraschungen aufwarten kann. Nur so können Sie auf günstige Gelegenheiten reagieren. Der Gewinn liegt bekanntlich immer im Einkauf.

Zur Liquidität gehört auch eine Reserve an Bargeld. Bargeld ist sicherer als Buchgeld. Im Ernstfall können die Bankschalter schließen und die Geldautomaten gesperrt werden. Sie dürfen nicht davon ausgehen, dass Sie jederzeit an beliebige Mengen von Banknoten kommen. Neuerdings verlangt die Großbank *Citigroup* in den USA eine schriftliche Voranmeldung für Barabhebungen.

Wer sehr vorsichtig ist, bevorzugt die Ländercodierung X für Deutschland, wenn er sich eine größere Summe Euro-Banknoten hinlegen möchte. Auch gegen die Scheine aus Finnland (L), den Niederlanden (P) und Österreich (N) ist nichts einzuwenden. Es könnte ja sein, dass Euros aus Griechenland (Y), aus Portugal (M) oder aus Spanien (V) irgendwann im Zahlungsverkehr nicht mehr gern akzeptiert werden. Aus rechtlicher Sicht sind alle Euro-Banknoten, wie in Kapitel 1 erwähnt, gleichgestellt.

Anleihen

Ein gutes Investment bei rückläufiger Inflation und staatlicher Haushaltsdisziplin, ein schlechtes Investment bei steigender Inflation sowie steigenden Zinsen und ein fatales Investment im Bankrott von Staaten und Unternehmen. Bei Kurzläufern hält sich der Schaden in Grenzen, solange der Schuldner zurückzahlen kann.

Auch wenn die amerikanischen Ratingagenturen einen schlechten Ruf haben, sollten sie nicht unterschätzt werden: Immerhin hat *Standard & Poor's* die Bonität Griechenland erstmals 2004 herabgesetzt – ein frühzeitiges Warnsignal. Besonders ernst nehmen müssen Sie in den kommenden Jahren eine nicht auszuschließende Herabstufung der USA, Deutschlands und Frankreichs. Diese drei Länder genießen jetzt noch die beste Bewertung AAA. Seitdem die Schulden der Industrieländer im Zuge der Finanzkrise explodiert sind, müssen Staatsanleihen als riskante langfristige Anlage eingestuft werden. Das gilt auch für Lebensversicherungen, weil sie in den Anleihen (in bloße Zahlungsversprechen!) hoffnungslos überinvestiert sind. Interessant an den Policen ist nur der Bestandteil, der Risiken absichert.

Die Finanzkrise 2008 und die Euro-Krise 2010 haben die Anleihen guter Schuldner auf neue Höchststände getrieben, während das Wachstum der breiten Geldmenge M3 in der Eurozone stagnierte. Ein »deflationäres« Intermezzo also, das den noch als sicher geltenden deutschen Staatsanleihen eine Gnadenfrist verschafft hat.

Immobilien

Abgesehen vom selbst genutzten Objekt, das die Lebensqualität erhöht, eine schwierige Anlage – besonders in Deutschland wegen der schrumpfenden Bevölkerung und einer Gesetzgebung, die die Eigentumsrechte empfindlich einschränkt. Fremdfinanzierte Immobilien sind gerade in der Inflation riskant, weil dann Zinsen und Unterhaltskosten steigen.

Im Falle eines Staatsbankrotts oder einer Währungsreform greift die Obrigkeit zu. Grund und Boden können schließlich nicht außer Landes geschafft werden. Nach der Hyperinflation von 1923 wurde in Deutschland eine Hypothekengewinnabgabe eingeführt. Die Rechnung der Hauseigentümer, dass ihre Schulden per Geldentwertung real verschwinden würden, ging nicht auf. Auch nach der Währungsreform 1948 wurden die privaten Schuldner mit Hypothekengewinn- und Kreditgewinnabgaben zur Ader gelassen. Der große Gewinner 1923 und 1948 war der Staat, nicht der Bürger. Trotz allem sind Immobilien in nahezu jedem wirtschaftlichen Umfeld eine diskutable Anlage, sofern die Rentabilität scharf kalkuliert wird. Entscheidend sind Lage, Qualität, Preis und die Art der Finanzierung.

Aktien

Kräftiges Wirtschaftswachstum und mit Einschränkungen auch ein inflationäres Umfeld beflügeln die Aktienmärkte. Strikte Sparmaßnahmen des Staates und die Gefahr eines Staatsbankrotts belasten die Kurse. Aktien sind primär ein

Investment für gute Zeiten. Im Jahr 2000 endete die langfristige Hausse. Seitdem wechseln sich mittelfristige Auf- und Abwärtstrends ab. In der Euro-Krise schneidet Deutschland mit Abstand besser ab als die südeuropäischen Länder, weil die deutsche Wirtschaft exportorientiert ist, weil die Abwertung des Euro das Geschäft außerhalb des Euroraumes erleichtert, weil Deutschland am weitesten vom Staatsbankrott entfernt ist und weil die Sparpolitik der Südeuropäer deflationär wirkt. Sehr langfristig sind die Aktienmärkte der Schwellenländer attraktiver als die im Westen, allerdings leiden sie in der Regel unter einem steigenden US-Dollar.

Im Übrigen lohnt es sich, auf Branchen mit überlegener relativer Stärke zu setzen, zum Beispiel auf den *Stoxx Europe Food & Beverage* oder den *Stoxx Europe Health Care*. In diesen sind auch die britischen und schweizerischen Titel enthalten.

Die hohe Volatilität der Aktienmärkte strapaziert die Nerven, bietet aber auch die Chance, antizyklisch zu handeln, billig zu kaufen und teuer zu verkaufen. Auch hier muss zwischen nominaler und realer Rendite unterschieden werden. Im Zeitraum 1962 bis 1982 stagnierte der (zurückgerechnete) DAX nominal, verlor aber real mehr als die Hälfte. Die anschließende Hausse (und die Goldbaisse bis 2001) dauerte rund zwei Jahrzehnte. Übergeordnete Trends von dieser Länge können wir an den Finanzmärkten öfters beobachten.

Fremdwährungen

Für große Vermögen ist es fast ein Muss, geografisch zu diversifizieren. Qualitativ gute Währungen sind die Norwegische und Schwedische Krone, der Schweizer Franken, der Singapur-Dollar, der Kanadische Dollar und mit Abstrichen auch der Australische Dollar. Besonders günstig waren sie im ersten Halbjahr 2010 nicht zu haben, denn der Euro stand gegenüber allen nennenswerten Währungen unter Druck. Beachten Sie, dass die Norwegische Krone und der Kanadische Dollar normalerweise mit dem Ölpreis korrelieren, dass der Australische Dollar generell von den Rohstoffen abhängt und dass deren Preise stark auf die chinesische Konjunktur reagieren. Gegen den Schweizer Franken lässt sich im Wesentlichen nur anführen, dass er gegenüber dem Euro an der Kaufkraft gemessen überbewertet ist. Eine mäßige Überbewertung ist freilich die Regel.

Wenn die eben genannten Rohstoffwährungen zum US-Dollar abwerten, was bekanntlich 2008 passiert ist, bleibt dem europäischen Anleger, der diversifizieren will, eigentlich nur noch der US-Dollar als zeitweilige Alternative im Hässlichkeitswettbewerb der ungedeckten Währungen.

Noch etwas: Da Sie als Bewohner der Eurozone Einschränkungen des freien Kapitalverkehrs und Schlimmeres einkalkulieren müssen, sollten Sie Fremdwährungsanlagen idealerweise im jeweiligen Ausland bei einer dortigen Bank halten.

Gold

Der perfekte Sachwert, ideal für Inflation, Währungsreform und Staatsbankrott, ohne jedes Bonitätsrisiko, aber mit Preisrisiko, was auch dann spürbar werden kann, wenn die Operateure in einer Finanzkrise Gold verkaufen müssen, um Schulden abzudecken oder Verluste an den Finanzmärkten auszugleichen. Wenn die Wirtschaft floriert, die Inflationsraten sinken und die Aktienkurse nachhaltig steigen wie in den 1980er- und 1990er-Jahren, ist Gold traditionell weniger gefragt.

Gold ist ein homogener Sachwert zum Beispiel im Gegensatz zu Diamanten, weil jede Unze gleich viel wert ist und weil über die Qualität nicht erst verhandelt werden muss. Der Markt ist liquide, Sie können jederzeit mit einer kleinen Spanne zwischen An- und Verkauf handeln, und er absorbiert auch größere Aufträge. Gold ist diskret und trägt anders als beispielsweise Immobilien kein Länderrisiko. Wer es sich leisten kann, sollte einen Teil außerhalb der Eurozone lagern. Diese Empfehlung gilt nicht für die Deutsche Bundesbank. Sie wäre gut beraten, ihre Goldreserven, die in den Kellern der *Federal Reserve Bank* von New York lagern, nach Hause zu holen und dem amerikanischen Zugriff zu entziehen.

Der Goldmarkt hat durchaus auch eine spekulative Seite, und die sorgt manchmal für beachtliche Preisschwankungen. Das sollte Sie nicht stören. Betrachten Sie Gold als Wertaufbewahrungsmittel, als echtes Geld und als Schutz gegen den Verfall der eigenen Währung, weniger als Alternative zum Dollar, obwohl er das oft auch ist.

Für Notzeiten legen Sie sich außerdem einen Vorrat von Ein-Unzen-Silbermünzen zu. Empfehlenswert ist insbesondere die Zehn-Euro-Münze in Silber, ein gesetzliches Zahlungsmittel in Deutschland. Die Zehn-Euro-Münzen sind in begrenzten Mengen bei den Filialen der Deutschen Bundesbank sowie bei manchen Sparkassen und Banken zu bekommen.

Silber war seit 1980 mit Abstand die schlechtere Kapitalanlage als Gold. Der Markt ist kleiner, und die Preise sind volatiler. Ob Silber in einer sich beschleunigenden Inflation ein Comeback erlebt, bleibt abzuwarten.

Wenn Sie mehr über Gold wissen wollen, lesen Sie mein im Kopp Verlag erschienenes Buch *Das geheime Wissen der Goldanleger*.

Grafiken und Tabellen

$XEU (Euro Index) INDX
26-May-2010
Open 132.36 **High** 132.45 **Low** 121.86 **Close** 121.69 **Chg** -11.28 (-8.48%) ▼
® StockCharts.com

◪ $XEU (Monthly) 121.69
— MA(24) 138.92
▥ Volume undef

Euro in US-Dollar

160.20

151.44

145.04

136.59
134.73

129.07

127.36 125.85

119.28

117.79   118.87

116.48

125.01

107.71

101.60

96.13

96.80

95.73

93.25

88.60

85.79

83.58

82.00

RSI(14) 34.31

$INDU:$GOLD (Dow Jones Industrial Average/Gold - Continuous Contract (EOD)) INDX/INDX   © StockCharts.com
26-May-2010   **Open** 9.09 **High** 9.23 **Low** 8.07 **Close** 8.23 **Chg** -1.10 (-11.81%) ▼
— $INDU:$GOLD (Monthly) 8.23
— MA(24) 9.93
▲ Volume under

Dow Jones in Gold

RSI(14) 35.33

Basis-Szenario: Der Schuldenstand 2010 und 2020

	Staatsschulden in Prozent des BIP 2010	Staatsschulden in Prozent des BIP 2020
Dänemark	49	39
Deutschland	82	97
Frankreich	92	114
Griechenland	123	171
Italien	127	131
Portugal	91	132
Schweden	55	39
Spanien	68	93
Vereinigtes Königreich	83	124
Japan	197	246
USA	92	133
Schwellenländer	46	35

(Das Szenario basiert auf der Annahme von bestimmten Wachstumsraten, Realzinsen und Primärsalden der Haushalte. Falls die Daten ungünstiger ausfallen, liegt die Staatsschuld 2020 höher. Quelle: Deutsche Bank Research.)

Leistungsbilanzsalden in Prozent des BIP laut IWF

	2002	2003	2004	2005	2006	2007	2008	2009
Advanced Economies	−0.8	−0.7	−0.7	−1.2	−1.2	−0.9	−1.3	−0.4
United States	−4.3	−4.7	−5.3	−5.9	−6.0	−5.2	−4.9	−2.9
Euro Area[1]	0.7	0.5	1.2	0.4	0.4	0.4	−0.8	−0.4
Germany	2.0	1.9	4.7	5.1	6.5	7.6	6.7	4.8
France	1.4	0.8	0.6	−0.4	−0.5	−1.0	−2.3	−1.5
Italy	−0.8	−1.3	−0.9	−1.7	−2.6	−2.4	−3.4	−3.4
Spain	−3.3	−3.5	−5.3	−7.4	−9.0	−10.0	−9.6	−5.1
Netherlands	2.5	5.5	7.5	7.3	9.3	8.7	4.8	5.2
Belgium	4.6	4.1	3.5	2.6	2.0	2.2	−2.5	−0.3
Greece	−6.5	−6.5	−5.8	−7.5	−11.3	−14.4	−14.6	−11.2
Austria	2.7	1.7	2.1	2.0	2.8	3.1	3.5	1.4
Portugal	−8.1	−6.1	−7.6	−9.5	−10.0	−9.4	−12.1	−10.1
Finland	8.8	5.2	6.6	3.6	4.6	4.2	3.0	1.4
Ireland	−1.0	0.0	−0.6	−3.5	−3.6	−5.3	−5.2	−2.9
Slovak Republic	−7.9	−5.9	−7.8	−8.5	−7.8	−5.3	−6.5	−3.2
Slovenia	1.1	−0.8	−2.7	−1.7	−2.5	−4.8	−6.2	−0.3
Luxembourg	10.5	8.1	11.9	11.0	10.3	9.7	5.3	5.7
Cyprus	−3.7	−2.2	−5.0	−5.9	−7.0	−11.7	−17.7	−9.3
Malta	2.5	−3.1	−6.0	−8.8	−9.2	−6.2	−5.4	−3.9
Japan	2.9	3.2	3.7	3.6	3.9	4.8	3.2	2.8
United Kingdom	−1.7	−1.6	−2.1	−2.6	−3.3	−2.7	−1.5	−1.3
Canada	1.7	1.2	2.3	1.9	1.4	1.0	0.5	−2.7
Korea	0.9	1.9	3.9	1.8	0.6	0.6	−0.6	5.1
Australia	−3.6	−5.2	−6.0	−5.7	−5.2	−6.1	−4.4	−4.1
Taiwan Province of China	8.8	9.8	5.8	4.8	7.0	8.4	6.2	11.2
Sweden	5.0	7.2	6.7	7.0	8.6	8.6	7.8	6.4
Switzerland	8.3	12.8	13.3	14.0	15.2	10.0	2.4	8.7
Hong Kong SAR	7.6	10.4	9.5	11.4	12.1	12.3	13.6	11.1
Czech Republic	−5.7	−6.3	−5.3	−1.3	−2.6	−3.1	−3.1	−1.0
Norway	12.6	12.3	12.7	16.3	17.2	14.1	18.6	13.8
Singapore	13.2	23.4	17.5	22.0	24.9	27.6	19.2	19.1
Denmark	2.5	3.4	3.1	4.3	3.0	1.5	2.2	4.0
Israel	−1.1	0.5	1.7	3.1	5.1	2.9	0.7	3.7
New Zealand	−3.9	−4.2	−6.2	−8.3	−8.4	−8.0	−8.6	−3.0
Iceland	1.6	−4.8	−9.8	−16.1	−25.6	−16.3	−15.8	3.8
Memorandum								
Major Advanced Economies	−1.4	−1.5	−1.4	−1.9	−2.0	−1.3	−1.5	−0.9
Euro Area[2]	0.6	0.3	0.8	0.1	−0.1	0.1	−1.5	−0.6
Newly Industrialized Asian Economies	4.9	6.7	6.2	5.3	5.4	6.1	4.9	8.9

[1] Calculated as the sum of the balances of individual Euro Area countries.
[2] Corrected for reporting discrepancies in intra-area transactions.

BIP, Defizit/Überschuss und Schuldenstand in der EU (in Landeswährung)

		2006	2007	2008	2009
Belgien					
BIP mp	(Mio. Euro)	318 193	334 948	344 676	337 758
Defizit (-) / Überschuss (+) des Staates	(Mio. Euro)	814	-661	-4 061	-20 187
	(% des BIP)	0,3	-0,2	-1,2	-6,0
Ausgaben des Staates*	(% des BIP)	48,6	48,4	50,0	54,2
Einnahmen des Staates*	(% des BIP)	48,7	48,2	48,8	48,2
Schuldenstand des Staates	(Mio. Euro)	280 425	282 120	309 522	326 606
	(% des BIP)	88,1	84,2	89,8	96,7
Bulgarien					
BIP mp	(Mio. BGN)	49 361	56 520	66 728	66 256
Defizit (-) / Überschuss (+) des Staates	(Mio. BGN)	1 485	39	1 224	-2 570
	(% des BIP)	3,0	0,1	1,8	-3,9
Ausgaben des Staates	(% des BIP)	36,5	41,5	37,3	40,7
Einnahmen des Staates	(% des BIP)	39,5	41,5	39,1	36,9
Schuldenstand des Staates	(Mio. BGN)	11 189	10 287	9 389	9 795
	(% des BIP)	22,7	18,2	14,1	14,8
Tschechische Republik					
BIP mp	(Mio. CZK)	3 222 369	3 535 460	3 688 994	3 627 188
Defizit (-) / Überschuss (+) des Staates	(Mio. CZK)	-84 902	-23 875	-100 346	-215 007
	(% des BIP)	-2,6	-0,7	-2,7	-5,9
Ausgaben des Staates	(% des BIP)	43,7	42,5	42,9	46,1
Einnahmen des Staates	(% des BIP)	41,1	41,8	40,2	40,3
Schuldenstand des Staates	(Mio. CZK)	948 276	1 023 784	1 104 915	1 282 291
	(% des BIP)	29,4	29,0	30,0	35,4

Dänemark

BIP mp	(Mio. DKK)	1 631 659	1 691 472	1 737 448	1 657 857
Defizit (-) / Überschuss (+) des Staates	(Mio. DKK)	84 195	80 856	59 035	-45 086
	(% des BIP)	5,2	4,8	3,4	-2,7
Ausgaben des Staates	(% des BIP)	51,6	50,9	51,8	58,6
Einnahmen des Staates	(% des BIP)	56,6	55,7	55,3	55,8
Schuldenstand des Staates	(Mio. DKK)	523 351	462 786	593 798	689 036
	(% des BIP)	32,1	27,4	34,2	41,6

Deutschland

BIP mp	(Mio. Euro)	2 325 100	2 428 200	2 495 800	2 407 200
Defizit (-) / Überschuss (+) des Staates	(Mio. Euro)	-37 800	4 880	990	-79 410
	(% des BIP)	-1,6	0,2	0,0	-3,3
Ausgaben des Staates	(% des BIP)	45,4	43,7	43,7	47,6
Einnahmen des Staates	(% des BIP)	43,7	43,9	43,7	44,3
Schuldenstand des Staates	(Mio. Euro)	1 571 673	1 578 833	1 646 163	1 762 211
	(% des BIP)	67,6	65,0	66,0	73,2

Estland

BIP mp	(Mio. EEK)	206 996	244 504	251 493	214 828
Defizit (-) / Überschuss (+) des Staates	(Mio. EEK)	5 184	6 412	-6 908	-3 703
	(% des BIP)	2,5	2,6	-2,7	-1,7
Ausgaben des Staates	(% des BIP)	34,0	34,8	39,9	45,4
Einnahmen des Staates	(% des BIP)	36,5	37,4	37,1	43,6
Schuldenstand des Staates	(Mio. EEK)	9 242	9 268	11 600	15 501
	(% des BIP)	4,5	3,8	4,6	7,2

Irland

BIP mp	(Mio. Euro)	176 759	189 751	181 816	163 543
Defizit (-) / Überschuss (+) des Staates	(Mio. Euro)	5 221	261	-13 198	-23 350
	(% des BIP)	3,0	0,1	-7,3	-14,3
Ausgaben des Staates	(% des BIP)	34,4	36,6	42,0	48,4
Einnahmen des Staates	(% des BIP)	37,4	36,7	34,7	34,1
Schuldenstand des Staates	(Mio. Euro)	44 059	47 410	79 859	104 667
	(% des BIP)	24,9	25,0	43,9	64,0

Quelle: eurostat

BIP, Defizit/Überschuss und Schuldenstand in der EU (in Landeswährung)

		2006	2007	2008	2009
Griechenland					
BIP mp	(Mio. Euro)	210 459	226 437	239 141	237 494
Defizit (-) / Überschuss (+) des Staates	(Mio. Euro)	-7 496	-11 478	-18 303	-32 342
	(% des BIP)	-3,6	-5,1	-7,7	-13,6
Ausgaben des Staates	(% des BIP)	43,2	45,0	46,8	50,4
Einnahmen des Staates	(% des BIP)	39,3	39,7	39,1	36,9
Schuldenstand des Staates	(Mio. Euro)	205 738	216 731	237 252	273 407
	(% des BIP)	97,8	95,7	99,2	115,1
Spanien					
BIP mp	(Mio. Euro)	984 284	1 052 730	1 088 502	1 051 151
Defizit (-) / Überschuss (+) des Staates	(Mio. Euro)	19 847	20 066	-44 260	-117 630
	(% des BIP)	2,0	1,9	-4,1	-11,2
Ausgaben des Staates	(% des BIP)	38,4	39,2	41,1	45,9
Einnahmen des Staates	(% des BIP)	40,4	41,1	37,0	34,7
Schuldenstand des Staates	(Mio. Euro)	389 507	380 660	432 233	559 650
	(% des BIP)	39,6	36,2	39,7	53,2
Frankreich					
BIP mp	(Mio. Euro)	1 806 433	1 895 284	1 948 511	1 919 316
Defizit (-) / Überschuss (+) des Staates	(Mio. Euro)	-41 066	-51 433	-64 677	-144 849
	(% des BIP)	-2,3	-2,7	-3,3	-7,5
Ausgaben des Staates	(% des BIP)	52,7	52,3	52,8	55,6
Einnahmen des Staates	(% des BIP)	50,4	49,6	49,5	48,1
Schuldenstand des Staates	(Mio. Euro)	1 149 937	1 208 950	1 315 147	1 489 025
	(% des BIP)	63,7	63,8	67,5	77,6

BIP mp	(Mio. Euro)	1 485 377	1 546 177	1 567 851	1 520 870
Defizit (-) / Überschuss (+) des Staates	(Mio. Euro)	-49 403	-23 191	-42 575	-80 800
	(% des BIP)	-3,3	-1,5	-2,7	-5,3
Ausgaben des Staates	(% des BIP)	48,7	47,8	48,8	51,9
Einnahmen des Staates	(% des BIP)	45,4	46,4	46,2	46,6
Schuldenstand des Staates	(Mio. Euro)	1 582 081	1 599 755	1 663 452	1 760 765
	(% des BIP)	106,5	103,5	106,1	115,8
Zypern					
BIP mp	(Mio. Euro)	14 435	15 879	17 248	16 947
Defizit (-) / Überschuss (+) des Staates	(Mio. Euro)	-173	537	158	-1 029
	(% des BIP)	-1,2	3,4	0,9	-6,1
Ausgaben des Staates	(% des BIP)	43,4	42,2	42,6	46,4
Einnahmen des Staates	(% des BIP)	42,2	45,5	43,5	40,3
Schuldenstand des Staates	(Mio. Euro)	9 331	9 262	8 347	9 527
	(% des BIP)	64,6	58,3	48,4	56,2
Lettland					
BIP mp	(Mio. LVL)	11 172	14 780	16 275	13 244
Defizit (-) / Überschuss (+) des Staates	(Mio. LVL)	-52	-45	-672	-1 189
	(% des BIP)	-0,5	-0,3	-4,1	-9,0
Ausgaben des Staates	(% des BIP)	38,1	35,7	38,6	42,9
Einnahmen des Staates	(% des BIP)	37,7	35,4	34,4	34,0
Schuldenstand des Staates	(Mio. LVL)	1 190	1 330	3 181	4 783
	(% des BIP)	10,7	9,0	19,5	36,1
Litauen					
BIP mp	(Mio. LTL)	82 793	98 669	111 190	92 353
Defizit (-) / Überschuss (+) des Staates	(Mio. LTL)	-371	-1 001	-3 647	-8 214
	(% des BIP)	-0,4	-1,0	-3,3	-8,9
Ausgaben des Staates	(% des BIP)	33,6	34,8	37,4	43,0
Einnahmen des Staates	(% des BIP)	33,1	33,8	34,2	34,1
Schuldenstand des Staates	(Mio. LTL)	14 939	16 698	17 375	27 105
	(% des BIP)	18,0	16,9	15,6	29,3

Quelle: eurostat

BIP, Defizit/Überschuss und Schuldenstand in der EU (in Landeswährung)

		2006	2007	2008	2009
Luxemburg					
BIP mp	(Mio. Euro)	34 150	37 466	39 348	37 755
Defizit (-) / Überschuss (+) des Staates	(Mio. Euro)	466	1 359	1 134	-278
	(% des BIP)	1,4	3,6	2,9	-0,7
Ausgaben des Staates	(% des BIP)	38,3	36,2	37,2	42,4
Einnahmen des Staates	(% des BIP)	39,7	39,8	40,1	41,6
Schuldenstand des Staates	(Mio. Euro)	2 225	2 502	5 381	5 464
	(% des BIP)	6,5	6,7	13,7	14,5
Ungarn					
BIP mp	(Mio. HUF)	23 755 487	25 408 080	26 543 252	26 094 824
Defizit (-) / Überschuss (+) des Staates	(Mio. HUF)	-2 212 435	-1 269 133	-1 014 847	-1 055 701
	(% des BIP)	-9,3	-5,0	-3,8	-4,0
Ausgaben des Staates	(% des BIP)	52,0	49,8	49,2	49,8
Einnahmen des Staates	(% des BIP)	42,6	44,8	45,4	45,8
Schuldenstand des Staates	(Mio. HUF)	15 592 499	16 734 203	19 348 025	20 421 261
	(% des BIP)	65,6	65,9	72,9	78,3
Malta					
BIP mp	(Mio. Euro)	5 111	5 459	5 697	5 712
Defizit (-) / Überschuss (+) des Staates	(Mio. Euro)	-131	-118	-255	-218
	(% des BIP)	-2,6	-2,2	-4,5	-3,8
Ausgaben des Staates	(% des BIP)	43,7	42,4	44,8	44,3
Einnahmen des Staates	(% des BIP)	41,2	40,3	40,3	40,5
Schuldenstand des Staates	(Mio. Euro)	3 254	3 379	3 627	3 948
	(% des BIP)	63,7	61,9	63,7	69,1

BIP mp	(Mio. Euro)	540 216	568 664	595 883	570 208
Defizit (-) / Überschuss (+) des Staates	(Mio. Euro)	2 919	1 095	4 200	-30 210
	(% des BIP)	0,5	0,2	0,7	-5,3
Ausgaben des Staates	(% des BIP)	45,5	45,5	45,9	51,6
Einnahmen des Staates	(% des BIP)	46,1	45,7	46,6	46,3
Schuldenstand des Staates	(Mio. Euro)	255 916	258 592	346 687	347 021
	(% des BIP)	47,4	45,5	58,2	60,9
Österreich					
BIP mp	(Mio. Euro)	256 162	270 782	281 867	276 892
Defizit (-) / Überschuss (+) des Staates	(Mio. Euro)	-3 854	-1 129	-1 232	-9 496
	(% des BIP)	-1,5	-0,4	-0,4	-3,4
Ausgaben des Staates	(% des BIP)	49,5	48,7	49,0	51,8
Einnahmen des Staates	(% des BIP)	47,9	48,1	48,4	48,3
Schuldenstand des Staates	(Mio. Euro)	159 450	161 033	176 544	184 105
	(% des BIP)	62,2	59,5	62,6	66,5
Polen					
BIP mp	(Mio. PLN)	1 060 031	1 176 737	1 272 838	1 342 612
Defizit (-) / Überschuss (+) des Staates	(Mio. PLN)	-38 476	-22 105	-46 889	-95 730
	(% des BIP)	-3,6	-1,9	-3,7	-7,1
Ausgaben des Staates	(% des BIP)	43,9	42,2	43,3	44,5
Einnahmen des Staates	(% des BIP)	40,2	40,3	39,6	37,4
Schuldenstand des Staates	(Mio. PLN)	506 036	529 370	600 829	684 365
	(% des BIP)	47,7	45,0	47,2	51,0
Portugal					
BIP mp	(Mio. Euro)	155 446	163 052	166 463	163 891
Defizit (-) / Überschuss (+) des Staates	(Mio. Euro)	-6 092	-4 218	-4 705	-15 426
	(% des BIP)	-3,9	-2,6	-2,8	-9,4
Ausgaben des Staates	(% des BIP)	46,3	45,8	46,1	51,0
Einnahmen des Staates	(% des BIP)	42,3	43,2	43,2	41,6
Schuldenstand des Staates	(Mio. Euro)	100 522	103 702	110 377	125 910
	(% des BIP)	64,7	63,6	66,3	76,8

Quelle: eurostat

BIP, Defizit/Überschuss und Schuldenstand in der EU (in Landeswährung)

		2006	2007	2008	2009
Rumänien					
BIP mp	(Mio. RON)	344 651	416 007	514 654	491 274
Defizit (-) / Überschuss (+) des Staates	(Mio. RON)	-7 474	-10 438	-27 931	-40 791
	(% des BIP)	-2,2	-2,5	-5,4	-8,3
Ausgaben des Staates	(% des BIP)	35,3	36,0	37,6	40,4
Einnahmen des Staates	(% des BIP)	33,1	33,5	32,1	32,1
Schuldenstand des Staates	(Mio. RON)	42 583	52 292	68 532	116 526
	(% des BIP)	12,4	12,6	13,3	23,7
Slowenien					
BIP mp	(Mio. Euro)	31 050	34 568	37 135	34 894
Defizit (-) / Überschuss (+) des Staates	(Mio. Euro)	-404	8	-631	-1 915
	(% des BIP)	-1,3	0,0	-1,7	-5,5
Ausgaben des Staates	(% des BIP)	44,5	42,4	44,3	49,9
Einnahmen des Staates	(% des BIP)	43,2	42,4	42,6	44,4
Schuldenstand des Staates	(Mio. Euro)	8 289	8 085	8 389	12 519
	(% des BIP)	26,7	23,4	22,6	35,9
Slowakei					
BIP mp	(Mio. Euro)	55 046	61 547	67 221	63 332
Defizit (-) / Überschuss (+) des Staates	(Mio. Euro)	-1 902	-1 143	-1 549	-4 290
	(% des BIP)	-3,5	-1,9	-2,3	-6,8
Ausgaben des Staates	(% des BIP)	36,9	34,4	34,8	40,8
Einnahmen des Staates	(% des BIP)	33,5	32,5	32,5	34,0
Schuldenstand des Staates	(Mio. Euro)	16 769	18 053	18 613	22 585
	(% des BIP)	30,5	29,3	27,7	35,7

Finnland

		2006/2007	2007/2008	2008/2009	2009/2010
BIP mp	(Mio. Euro)	165 643	179 536	184 179	170 971
Defizit (-) / Überschuss (+) des Staates	(Mio. Euro)	6 645	9 316	7 731	-3 682
	(% des BIP)	4,0	5,2	4,2	-2,2
Ausgaben des Staates	(% des BIP)	49,0	47,3	49,5	55,6
Einnahmen des Staates	(% des BIP)	52,9	52,5	53,6	53,2
Schuldenstand des Staates	(Mio. Euro)	65 696	63 225	63 023	75 217
	(% des BIP)	39,7	35,2	34,2	44,0

Schweden

BIP mp	(Mio. SEK)	2 900 790	3 063 145	3 154 630	3 057 056
Defizit (-) / Überschuss (+) des Staates	(Mio. SEK)	73 720	117 220	77 711	-16 677
	(% des BIP)	2,5	3,8	2,5	-0,5
Ausgaben des Staates	(% des BIP)	54,1	52,5	53,1	56,5
Einnahmen des Staates	(% des BIP)	56,5	56,3	55,5	55,7
Schuldenstand des Staates	(Mio. SEK)	1 326 402	1 248 396	1 207 535	1 293 753
	(% des BIP)	45,7	40,8	38,3	42,3

Vereinigtes Königreich*

BIP mp	(Mio. GBP)	1 325 795	1 398 882	1 448 392	1 395 872
Defizit (-) / Überschuss (+) des Staates	(Mio. GBP)	-35 748	-38 721	-71 416	-160 258
	(% des BIP)	-2,7	-2,8	-4,9	-11,5
Ausgaben des Staates	(% des BIP)	44,1	44,2	47,3	51,7
Einnahmen des Staates	(% des BIP)	41,4	41,5	42,5	40,3
Schuldenstand des Staates	(Mio. GBP)	577 123	624 626	753 625	950 359
	(% des BIP)	43,5	44,7	52,0	68,1
Haushaltsjahr (HJ)		*2006/2007*	*2007/2008*	*2008/2009*	*2009/2010*
BIP mp (HJ)	*(Mio. GBP)*	*1 346 209*	*1 418 246*	*1 433 951*	*1 405 706*
Defizit (-) / Überschuss (+) des Staates (HJ)	*(Mio. GBP)*	*-36 017*	*-39 453*	*-97 824*	*-172 577*
	(% des BIP)	*-2,7*	*-2,8*	*-6,8*	*-12,3*
Schuldenstand des Staates (HJ)	*(Mio. GBP)*	*577 878*	*620 117*	*800 124*	*1 004 072*
	(% des BIP)	*42,9*	*43,7*	*55,8*	*71,4*

* Die Daten beziehen sich auf Kalenderjahre. Daten, die sich auf das Haushaltsjahr beziehen (1. April bis 31. März) sind kursiv gedruckt. Für das Vereinigte Königreich werden im Bezug auf das übermäßige Defizitverfahren Haushaltsjahrdaten verwendet.

Quelle: eurostat

Jährliche Inflationsraten (%) im April 2010 - in ansteigender Reihenfolge

Eurozone

IE	NL	PT	SK	MT	DE	Euro-zone	ES	IT	FI	AT	FR	BE	CY	SI	LU	EL
-2,5	0,6p	0,7	0,7	0,8	1,0	1,5p	1,6	1,6	1,6	1,8p	1,9	2,1	2,5	2,7	3,1	4,7

EU-Mitgliedstaaten außerhalb der Eurozone

LV	LT	CZ	EU	SE	DK	EE	PL	BG	UK[5]	RO	HU
-2,8	0,2	0,9	2,0p	2,1	2,4	2,5	2,7	3,0	Mär 10 3,4	4,2	5,7

Inflationsraten in % auf der Basis der HVPI

	Jährliche Raten					Durchschnitt über 12 Monate[4]	Monatliche Raten
	Apr 10 Apr 09	Mär 10 Mär 09	Feb 10 Feb 09	Jan 10 Jan 09	Apr 09 Apr 08	Apr 10-09 Apr 09-08	Apr 10 Mär 10
Belgien (BE)	2,1	1,9	0,8	0,8	0,7	0,0	0,5
Deutschland (DE)	1,0	1,2	0,5	0,8	0,8	0,3	-0,1
Irland (IE)	-2,5	-2,4	-2,4	-2,4	-0,7	-2,5	0,0
Griechenland (EL)	4,7	3,9	2,9	2,3	1,1	2,0	1,2
Spanien (ES)[6]	1,6	1,5	0,9	1,1	-0,2	0,1	1,1
Frankreich (FR)	1,9	1,7	1,4	1,2	0,1	0,4	0,3
Italien (IT)	1,6	1,4	1,1	1,3	1,2	0,8	0,9
Zypern (CY)	2,5	3,2	2,8	2,5	0,6	0,8	1,1

Luxemburg (LU)	3,1	3,2	2,3	1,2	4,0	0,9	2,6
Malta (MT)	0,8	0,6	0,7	0,4	1,8	0,5p	0,3p
Niederlande (NL)	0,6p	0,7	0,3	1,2	0,5	0,6p	0,2p
Österreich (AT)	1,8p	1,8	0,9	0,1	-0,6	-0,7	0,4
Portugal (PT)	0,7	0,6	0,2	1,8	1,1	1,0	1,1
Slowenien (SI)	2,7	1,8	1,6	-0,2	1,4	0,3	0,4
Slowakei (SK)	0,7	0,3	-0,2	1,6	2,1	1,4	0,3
Finnland (FI)	1,6	1,5	1,3				
Eurozone (VPI-EWU)	**1,5p**	**1,4**	**0,9**	**1,0**	**0,6**	**0,4p**	**0,5p**
Bulgarien (BG)	3,0	2,4	1,7	1,8	3,8	1,6	1,2
Tschech. Republik (CZ)	0,9	0,4	0,4	0,4	1,3	0,3	0,4
Dänemark (DK)	2,4	2,1	1,8	1,9	1,1	1,2	0,2
Estland (EE)	2,5	1,4	-0,3	-1,0	0,9	-0,6	0,5
Lettland (LV)	-2,8	-4,0	-4,3	-3,3	5,9	-0,6	0,9
Litauen (LT)	0,2	-0,4	-0,6	-0,3	5,9	1,5	0,4
Ungarn (HU)	5,7	5,7	5,6	6,2	3,2	5,0	0,9
Polen (PL)	2,7	2,9	3,4	3,9	4,3	3,8	0,4
Rumänien (RO)	4,2	4,2	4,5	5,2	6,5	4,9	0,3
Schweden (SE)	2,1	2,5	2,8	2,7	1,8	2,1	-0,1
Vereinigtes Königreich (UK)[5]	:	3,4	3,0	3,5	2,3	:	:
EU (EVPI)	**2,0p**	**1,9**	**1,5**	**1,7**	**1,3**	**1,1p**	**0,4p**
Island (IS)	11,1	11,6	10,7	10,6	16,3	13,4	0,3
Norwegen (NO)	3,4	3,6	3,1	2,7	2,9	2,5	0,2
EWR (VPI-EWR)	**2,0p**	**1,9**	**1,5**	**1,7**	**1,3**	**1,1p**	**0,4p**
Schweiz (CH)	1,3	1,4	0,9	0,9	-0,6	-0,2	0,9

Quelle: Eurostat   p = vorläufig   : = Daten nicht verfügbar

Literatur

Albrecht, Clemens/Behrmann, Günter C./Bock, Michael/ Homann, Harald/Tenbruck, Friedrich H. (Hg.): *Die intellektuelle Gründung der Bundesrepublik*, Campus Verlag, Frankfurt/New York 1999

Baader, Roland: *Die Euro-Katastrophe – Für Europas Vielfalt, gegen Brüssels Einfalt*, Anita Tykve Verlag, Böblingen 1993

Baader, Roland: *Geld, Gold und Gottspieler – Am Vorabend der nächsten Weltwirtschaftskrise*, Resch Verlag, Gräfelfing 2004

Bandulet, Bruno: *Adenauer zwischen West und Ost – Alternativen der deutschen Außenpolitik*, Weltforum Verlag, München 1970

Bandulet, Bruno: *Das Maastricht-Dossier – Deutschland auf dem Weg in die dritte Währungsreform*, Langen Müller Herbig, München 1993

Bandulet, Bruno: *Was wird aus unserem Geld?*, Langen Müller Herbig, München 1997

Bandulet, Bruno: *Tatort Brüssel – Das Geld, die Macht, die Bürokraten*, Langen Müller Herbig, München 1999

Bandulet, Bruno: *Das geheime Wissen der Goldanleger*, Kopp Verlag, Rottenburg 2007

Bernholz, Peter: *Monetary Regimes and Inflation – History, Economic and Political Relationships*, Edward Elgar, Cheltenham, Großbritannien, 2003

Brunner, Sibylle/Kehrle, Karl: *Volkswirtschaftslehre*, Verlag Franz Vahlen, München 2009

Deutsche Bank Research: *Public debt in 2020 – A sustainability analysis for DM and EM economies*, Frankfurt/M. 2010

Elsässer, Jürgen/Erne, Matthias (Hg.): *Erfolgsmodell Schweiz*, Kai Homilius Verlag, Berlin 2010

Enzensberger, Hans Magnus: »Wehrt euch gegen die Bananenbürokratie!«, *Frankfurter Allgmeine Zeitung*, 3. Februar 2010

Grandt, Michael: *Der Staatsbankrott kommt! Hintergründe, die man kennen muss*, Kopp Verlag, Rottenburg 2010

Gygi, Beat: »Deutschland entgleist«, *Neue Zürcher Zeitung*, 22. Mai 2010

Hankel, Wilhelm: *Die Euro Lüge ... und andere volkswirtschaftliche Märchen*, Amalthea Signum Verlag, Wien, Österreich, 2009

Hankel, Wilhelm/Nölling, Wilhelm/Schachtschneider, Karl Albrecht/Starbatty, Joachim: *Die Euro-Illusion – Ist Europa noch zu retten?*, Rowohlt, Hamburg 2001

Herzog, Roman/Gerken, Lüder: »Die Europäische Union gefährdet die parlamentarische Demokratie in Deutschland«, *Welt am Sonntag*, 14. Januar 2007

Herzog, Roman/Gerken, Lüder: »Stoppt den Europäischen Gerichtshof«, *Frankfurter Allgemeine Zeitung*, 8. September 2008

Hochreiter, Gregor: *Krankes Geld, kranke Welt – Analyse und Therapie der globalen Depression*, Resch Verlag, Gräfelfing 2010

Leuschel, Roland/Vogt, Claus: *Die Inflationsfalle*, Wiley VCH, Weinheim 2009

Marsh, David: *Der Euro – Die geheime Geschichte der neuen Weltwährung*, Murmann, Hamburg 2009

Müller, Henrik: *Sprengsatz Inflation – Können wir dem Staat noch vertrauen?*, Campus Verlag, Frankfurt 2010

Probost, Martin: *Der Bund Freier Bürger*, Magisterarbeit Heinrich-Heine-Universität, Düsseldorf 2008

Reinhart, Carmen M./Rogoff, Kenneth S.: *This Time is Different – Eight Centuries of Financial Folly*, Princeton University Press, Princeton, USA, 2009

Rouget, Werner: *Ein Zwei-Völker-Schicksal*, Bouvier, Bonn 1998

Scheller, Hanspeter K.: *Die Europäische Zentralbank – Geschichte, Rolle und Aufgaben*, Europäische Zentralbank, Frankfurt/M. 2006

Scherf, Wolfgang: *Öffentliche Finanzen – Einführung in die Finanzwissenschaft*, Lucius & Lucius, Stuttgart 2009

Schwarz, Hans-Peter: *Die Zentralmacht Europas – Deutschlands Rückkehr auf die Weltbühne*, Siedler, Berlin 1994

Tuchman, Barbara: *Die Torheit der Regierenden – Von Troja bis Vietnam*, Fischer, Frankfurt 2002

UBS research focus: *Staatsverschuldung als Herausforderung*, Zürich 2010

Viebig, Jan: *Der Vertrag von Maastricht – Die Positionen Deutschlands und Frankreichs zur Europäischen Wirtschafts- und Währungsunion*, Inauguraldissertation, Universität der Bundeswehr, München 1998

Willeke, Franz-Ulrich (Hg.): *Die Zukunft der D-Mark – Eine Streitschrift zur Europäischen Währungsunion*, Olzog , München 1997

Wittmann, Walter: *Staatsbankrott – Warum Länder Pleite gehen*, Orell Füssli, Zürich, Schweiz, 2010

Personenregister